拉致監禁される前の私（前列中央）。1995年春頃、都内「飛翔館」にて

私が実際に監禁されていたフラワーマンション。最上階８階の角部屋に監禁されていた

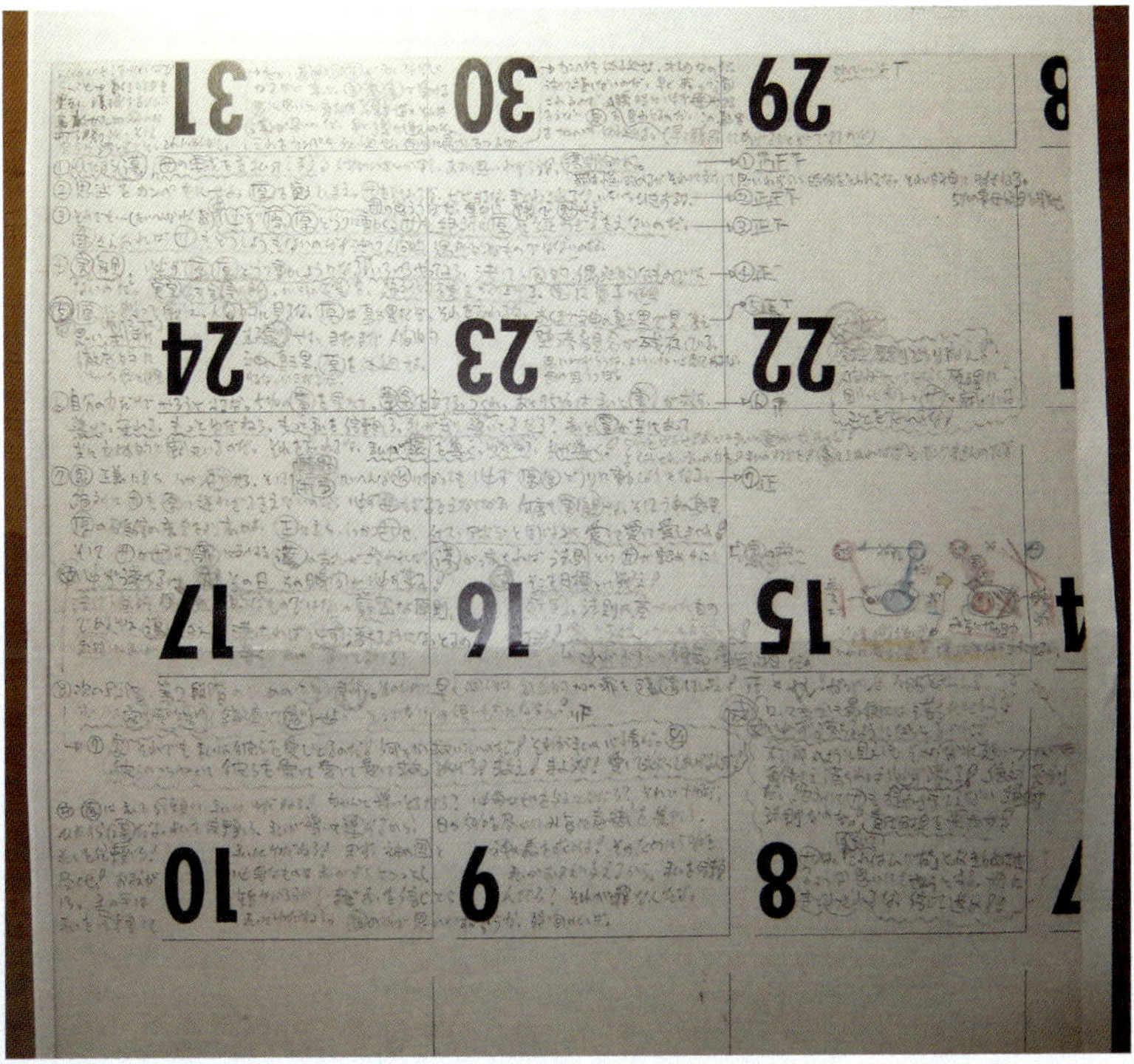

監禁 11 年目、神からの啓示を書き留めたカレンダー紙片。
2007 年ころ記したもの

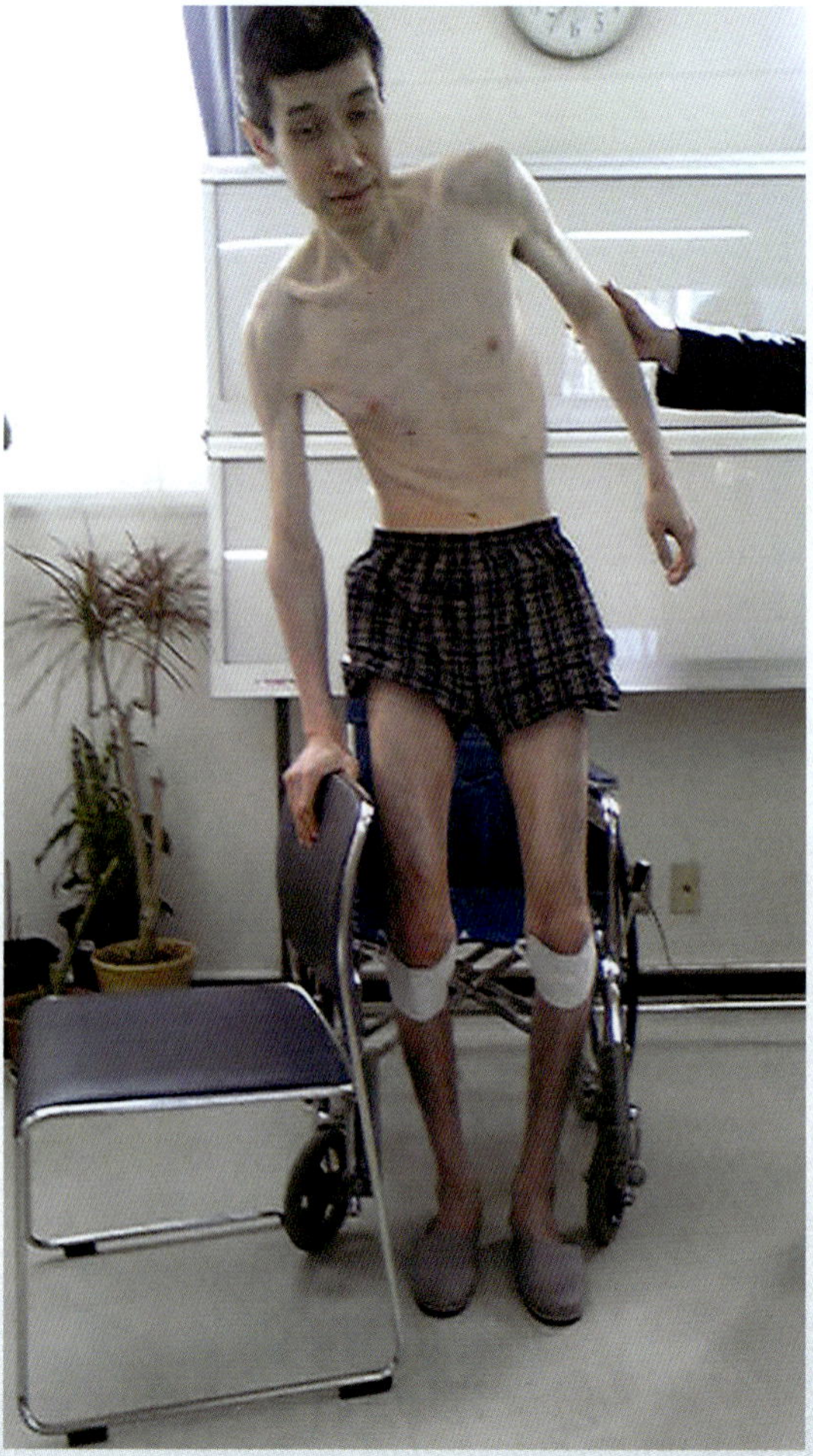

監禁から解放後３日目の私
撮影日：2008 年 2 月 13 日
撮影者：米本和広氏
入院先の病院にて、栄養失調、全身筋力低下、廃用性筋萎縮、貧血との診断を受ける

監禁解放後、仲間と共に街宣活動を行う私（左端）。
2008 年 8 月。JR 荻窪駅前

第一審判決後の東京地裁前。2014 年 1 月 28 日

第二審判決後、司法記者クラブでの記者会見。2014 年 11 月 13 日。
左は代理人の福本修也弁護士、右は広報局長（当時）の鴨野守氏

後藤徹　12年5カ月拉致監禁事件年表

1995年9月11日夜 (31歳)	都内の実家から拉致され、新潟市内のマンション6階に監禁される。 新津福音キリスト教会の松永堡智牧師や元信者らがマンションを訪れ、脱会説得を行う。
1997年6月	父親の死をきっかけに、監禁場所を新潟市から都内のマンション6階（2カ所目）に移す。
1997年12月	監禁場所を別の都内マンション8階（3カ所目）に移す。
1998年1月	脱会屋・宮村峻氏が元信者らを連れてマンションを訪れ、脱会説得を行う。 インフルエンザに罹り40度近い高熱が出ても医者にも行かせてもらえず。
2001年2月	世の中から隔絶され取り残されていく恐怖から、連日大声を上げて助けを求め、強行的に脱出を何度も試みるも、家族や宮村氏から暴力的に取り押さえられる。 歯医者にも行くことができず、虫歯になることへの恐怖から、歯磨きを狂ったように行う。
2003年11月	「荻窪3丁目の皆さま、石原伸晃でございます」というウグイス嬢の微かな声で、初めて自分が閉じ込められている場所を知る。
2004年4月	監禁に抗議して、3週間のハンガーストライキを決行。
2005年4月	監禁に抗議して、2回目の3週間のハンガーストライキを決行。
2006年4月	監禁に抗議して、3回目の1カ月間のハンガーストライキを決行。 少量の食事しか与えられない虐待を1年10カ月にわたり受ける。
2006年12月	精神的、肉体的に極限状態に陥り、早朝祈祷を始める。 神から受けた啓示をカレンダー紙片に書き留める。
2008年2月10日夕刻 (44歳)	突然、監禁マンションから着の身着のままの一文無しで追放される。 行く当てもなく、10キロ先の教団本部を目指したが、途中で歩行困難となる。夜になり、路上で助けを求め、声をかけた女性が偶然にも統一教会信者で、奇跡的に教団本部に辿り着き、緊急入院する。

死闘

監禁４５３６日からの生還

はじめに

私はA4コピー用紙に印刷された何枚もの写真を見ている。マンションの六畳間を様々なアングルから撮影した写真だ。こげ茶色に変色した畳、木目模様の天井板、藍色のすすけたカーテン。格子状の針金が封入された曇りガラスには一〇センチほどひびが入っている。記憶から薄れつつあった光景だが、一枚、また一枚とページをめくるたびに、私を苦しめた光景が生々しくよみがえってくる。何もかも、あの当時のままだった。

これは刑事訴訟記録だ。東京地方検察庁に閲覧を申請し原本をカラーコピーしたもので、全部で二〇〇枚ある。表紙の中央に六人の被告訴人の名前が大きく記され、その下に「事件名：逮捕監禁致傷　強要未遂」と記されている。この事件の被害者、すなわち告訴人が私だ。

信じてもらえないかもしれないが、私は一九九五年九月一一日から二〇〇八年二月一〇日までの期間、すなわち一二年五カ月間監禁されていた。三一歳から四四歳といえば、人生でもっとも光輝く時期と言ってよいだろう。監禁現場は外国でも人里離れた山奥でもなく、東京都杉並区、JR荻窪駅から徒歩七分、隣接する大通りを人や車がひっきりなしに行き交うマンション八階の一室。刑事訴訟記録に印刷されていた写真は、刑事告訴を受理した荻窪警察署が、捜査のため監禁現場を実況見分した際に撮影したものである。

二〇一一年一月三一日、私は監禁加害者を相手取って東京地方裁判所に民事訴訟を起こした。一審（東京地裁）、二審（東京高裁）で原告側の私が勝訴し、一二年五カ月間監禁されていた事実と被告たちの不法行為が認められ、合計二二〇〇万円の損害賠償命令が下された。そして、二〇一五年九月二九日に最高裁判所で全面勝訴判決が確定した。

一二年五カ月間もの監禁。しかも都会の街中で。そんな事件は聞いたこともないと訝《いぶか》しむ方も多いだろうが、この未曽有の拉致監禁事件は裁判所が認めた揺るがない事実なのだ。

では、私を拉致してマンションの一室に監禁し続けたのはいったい誰なのか。

それは、私の家族だ。実の両親と兄妹が拉致監禁を実行した張本人なのだ。

「一二年五カ月もの長期間にわたって監禁し続けた家族」などと聞けば、冷酷な嗜虐性を持った異常な人たちではないかと想像されるかもしれない。しかし、私の家族は良識ある一般人だ。暴力団でもない一般人が、成人男性を何年にもわたって都会のマンションに閉じ込め続けることが果たして可能なのか、と疑問がわくと思う。

日本の漫画を原作にした韓国映画『オールド・ボーイ』は、一五年間監禁され続けた主人公が、監禁された理由を解き明かすために奔走する陰惨な物語だ。こうした映画や漫画の世界ならまだしも、一二年間も監禁し続けるなど現代の日本で本当にあり得るのか。

しかも一般人が知るはずもない拉致監禁の手法を、私の家族はどのようにして知り得たのか。拉致監禁という違法行為に手を染め、しかも一二年五カ月もの長期間監禁し続けるという、強烈な、異常とも言える執念はいったいどこから来たものなのか。

これらの疑問を解く鍵となるのが「第三者による教唆《きょうさ》」だ。この事件は私の家族だけによる犯行ではなく、家族の背後に拉致監禁を専門に請け負う人々がいたのである。

一二年五カ月間の監禁とその後七年におよんだ裁判闘争は、極めて厳しい状況から始まったものの、絶望の淵でもがきながら次第に劣勢を挽回し、最後には劇的に逆転勝利を収めることができた。この体験記が、人知れず孤独で困難な戦いに挑んでいる人たちの一助になれば幸いである。

もくじ ＊ 死闘 監禁4536日からの生還

第四章――取り戻すための戦い

統一教会は二〇一五年に「世界平和統一家庭連合」と名称変更したが、本書では便宜上「統一教会」と表記した。

また実在する建物の名称を一部変更した。

第一章——家族と私と

この世に一つしかない居場所

私を監禁した家族を紹介する。

両親ともに昭和一桁生まれで、父も母も山形県米沢市で育った。

山の麓にある曹洞宗の寺が父の実家だ。父の父は大学で教鞭を執り、仏教についての著作を残した立派な人物だった。父は長男だったが寺を継がずに地元の国立大学を卒業後、大手製紙会社に入社した。

母は教育者の両親の長女として生まれた。母の父は長年小学校の校長を務め、母の母は小学校の教師だった。

父と母は見合いで結婚し、一九六〇年代に男子、男子、女子の順に三人の子供を授かった。私は、この家の次男として一九六三（昭和三八）年に生まれた。試験走行中の東海道新幹線が夢の超特急と呼ばれ、アニメ『鉄腕アトム』が放送され、日本の経済と社会が華々しく成長しようとしていた時代だった。

妹が生まれると父は東京本社に転勤になり、家族は東京の郊外に移り住んだ。

父はたいへん仕事熱心で、切れ者で、やり手だった。その手腕を遺憾なく発揮して出世街道をひた走り、製紙会社の役員にまで上りつめた。おかげで後藤家は金持ちというほどでなくとも、経済的にそこそこ恵まれた家庭だった。

「学問しろ」が口癖だった父は、厳格で頭ごなしに叱りつけるところがあった一方で、寿司を握って家族に振る舞うなど気さくな一面があった。

父は釣りや山歩きが好きで、兄と私を奥多摩に連れて行ってくれた。早朝に電車で出かけて、多摩川の上流でハヤやオイカワなど川魚を釣った。夏になると水中めがねとヤスを持って出かけ、三人でカジカを突いてクーラーボックスに入れて持ち帰り、天ぷらにして食べるとなかなか旨かった。

カジカを突くときには、川底を水中めがねで覗き続けるので背中が太陽に晒され、なかでも父の背中が真っ赤に日に焼けて数日後に皮がベロリと剥《む》けた。広い範囲の皮膚を破かないように剥くのが面白くて、私は父の背中の皮むき役に名乗りを上げたものだ。

父と行った山菜採りはワラビやゼンマイが詰まったリュックの重さだけでなく、山菜を使った味噌汁やおひたしが並んだ食卓の情景として母の笑顔と結びついている。母は専業主婦で、父とは対照的な性格だった。穏やかでひかえめで、少し心配性で世間体を気にするところはあったが、家族の皆を愛していて、皆からも愛されていた。

からかわれたり喧嘩もした兄は、四つ歳上だ。私が大学受験で浪人生活を送っていたとき、進学すべき学部を兄に手紙で相談したことがあった。都内の大学で建築を学び、建設会社で働いていた兄は、とても丁寧な返信をすぐにくれた。私は兄からのアドバイスを受けていくつかの大学の建築学科を受験し、その中から日本大学理工学部建築学科に入学した。親身になって相談に乗ってくれる兄を、私は尊敬していた。

三歳下の妹は、おっとりしておとなしい性格だが芯が強く頑固な面があった。妹が中学生だったとき、試験前になると私は数学を教えてやった。教えてもらって良い点数が取れたと彼女が喜んでくれたのを覚えている。

このように後藤家の五人は仲良く幸せに暮らす、ごく普通の家族だった。どこにでもある家庭と言いたくなる平凡さかもしれないが、この世に一つしかない私たちの居場所だった。後に私が両親や兄妹と壮絶な戦いを繰り広げるとは、誰一人として想像すらしなかったはずだ。

信仰との出会い

一九八六年。両親は転勤で大阪の社宅暮らしになり、都内の自宅は借家として貸出し、兄と私と妹は都内でそれぞれ一人暮らしを始めた。

私は大学四年生だった。夏休みに大阪の両親の元へ帰省していると、東京にいる兄から私に電話がかかってきた。

「ためになる勉強ができる所があるから、今度一緒に行ってみないか」

兄は根が真面目なものの、お調子者でお人好しのところがあったので、変なものに引っかかったかもしれないと心配になった。兄からの電話のことを両親に伝えると、「おまえ、ちょっと様子を見てきなよ」と父に言われ、「世話がやける兄貴だな」と私は東京に戻った。

建設会社で働いていた兄は二六歳。「ためになる勉強」は、この年の三月にJRお茶の水駅で友人がやって来るのを待っていたとき、声をかけてきた男性に勧められたものだった。兄は統一教会に入信していたのだ。

私は兄に連れられて御徒町の雑居ビルの二階にあった「ビデオセンター」という所に行き、紹介ビデオを見せられた。

偵察が目的で勉強などするつもりがなかったので、「おもしろくない」「一方的だ」とスタッフらしき人に辛辣な文句を付けてやった。隣に座っていた兄に目をやると、どうもいつもと様子が違う。日頃は弟に兄貴風を吹かせているのに、神妙で泣きそうな表情をしている。

「きっと将来役に立つから、勉強してみようよ」

土下座をせんばかりの勢いで兄が懇願した。

そんな兄が、私はかわいそうになった。とりあえず学んでみて、ここが変な所だったら兄を連れて一緒にやめればいいと思った。

ところが、いざ、学び始めると、私はその内容に引き込まれていった。

当時の私は、どんな仲の良い友人や家族にも言えない精神的な葛藤を抱えていた。世の中に横行する戦争、犯罪、不倫など不条理な出来事に触れるたび、気が滅入った。「人間なんてこんなものさ」と自嘲しつつ、利己的な自分にも嫌悪した。人間と人生に希望と価値を見いだせず、心の中はいつも厭世観と虚無感に苛《さいな》まれていた。

一方で、心のどこかでは、崇高な人生や変わらない真実の愛を求めていた。

兄の紹介で統一教会の教理に触れたのは、ちょうどそんな時だった。統一教会の教えは、渇きっていた私の心を潤していった。神が実在すること、神の創造目的が愛と喜びの実現であり神と人間が親子の関係であること、人類歴史が神の救済の歴史であったこと等々、初めて触れるその教理に私はこれまでの人生で味わったことのない深い衝撃と感動を覚えた。私は、死んでいた魂が蘇生する思いで統一教会の信者となった。

両親から偵察を請われ、兄を連れ戻そうと考えていた私が統一教会に入会すると兄はとても喜んでくれた。兄は短大生だった妹も伝道した。こうして、一年余りの間に兄妹三人が統一教会の信者になった。

三人兄妹の中では、兄がもっとも熱心に統一教会で活動していた。兄は教会の活動に専念しようと、勤めていた会社を退職することまで考えていた。このため兄は統一教会を紹介するビデオを持って大阪に帰省して、神に人生を捧げる決意を両親に伝えた。会社を辞めて宗教の道に行くと言い出した兄に、両親は大変驚きすぐには納得できなかったものの、並々ならぬ熱意に根負けして兄の決断を黙認した。

いっぽう統一教会に入会した私は、学生部に所属して「ホーム」と呼ばれる寮に寝泊まりする生活をしていた。そして大学卒業後はホームから大手ゼネコンに通勤し、休日は伝道活動をした。

ホームは合宿所のようなもので、教会がある地域ごとに何カ所かあった。平日は私に限らず他のメンバーたちもバスや電車に乗って会社や大学などへ行き、それぞれの仕事や勉強を終えて夜になるとホームへ戻る。監視されているわけではないから、気に食わなければ立ち去るのは自由だ。

シェアハウスとの違いは、共同生活の目的とルールを仲間たちが共有しているところだろう。隊長とか部長と呼ばれるリーダーがいて、私だけでなく仲間たちを先導していた。後に私も三〇人ほどのメンバーを世話する隊長に任命されたので、教義や暮らしについて助言したり指導するだけでなく、皆が集まってゴスペルを歌うときは何曲もギターで伴奏した。休日は礼拝と伝道。伝道に出かける前も、ギターの伴奏でゴスペルや聖歌を歌う。歌や伝道ばかりでなく、メンバーが集まると絵でお題を当てるジェスチャーゲーム「絵スチャー」などで楽しく過ごした。

たぶん礼拝や伝道を除けば、ホームでの暮らしは和気藹々とした学生寮や社員寮と大差ない暮らしだったろう。

奇妙な部屋とヘビースモーカー

一九八七年五月、兄が教会の活動に専従して五カ月経っていた。借家にしていた実家の借り手が退去したので、父が大阪から上京して「家で会おう」と兄に声をかけた。

「日付が変わる前に戻る」と仲間に言って出かけた兄が、翌日になってもホームに戻らないばかりか連絡が取れなくなってしまった。悪い予感がしたホームのメンバーが実家を訪ねてみると、人の気配がまったくない。仲間たちは兄が拉致監禁されたと察して血の気が引いたという。

統一教会信者の脱会説得を専門に請け負う「脱会屋」がいるのを知らない信者はいなかった。拉致監禁され、脱会屋に棄教を強要された現場から命からがら逃げ出せた信者は、精神科病院に強制入院させられて注射を打たれ薬を無理矢理に飲まされたり、泣こうが喚《わめ》こうが脱会するまで絶対に解放されないなど、身の毛もよだつ恐ろしい経験と脱会屋の実態を教団に伝えていたのだ。

このため拉致監禁されて脱会を強制されるのを、ほぼすべての信者が恐れていた。

犯罪を計画して実行させる脱会屋などというものが跋扈《ばっこ》していたのには、とんでもない背景があったのだが、大学を卒業したてで、兄に紹介されるまで統一教会という宗教もまったく知らなかった私には、まだ事態がよく呑み込めていなかった。このように信仰がまだ浅く現実味がなかった私が、兄が失踪したことで切実さが増し、恐怖で震え上がらずにはいられなかった。兄の失踪を知った私は、心当たりを探し回り、そこにいそうだと言われれば関西へも足を伸ばしたが、まったく消息がつかめなかった。

一〇月になり、兄の失踪から五カ月が経過した。

父から私に、兄が会いたがっていると連絡があった。私まで誘い出して、拉致監禁しようというのではないか。だが消息を絶っていた兄のことが何もかも心配だった。生きていてくれるなら、会いたい。

兄と会う場所は、実家ではなく新宿だった。場所柄、路上で拉致されるかもしれないので、信仰仲間の男性二人に警護役を頼んだ。密かに見守ってもらい、拉致されそうになったら助けてもらう段取りだった。

新宿駅の待ち合わせ場所に父が現れ、兄が待っている所へ行こうと言った。喫茶店にでも行くのかと思いながら父と歩き出すと、私たちを尾行するように信仰仲間がついてきてくれた。目の前に京王プラザホテルが姿を見せたとき、父がここだと言った。私たちだけでなく、何気ないそぶりでついてきた信仰仲間もホテルのエントランスに入った。だがエレベーターに乗りドアが閉まったとき、彼らとはぐれてしまった。

かなり高層階でエレベーターが止まった。静まり返った廊下を父の後について進んで、部屋に入ると兄がいた。元気そうな兄を見て、私は泣きそうになった。きっと顔がくしゃくしゃになっていたことだろう。

兄は「久しぶりだな。元気だったか」と言うと神妙な顔つきで言った。

「実は統一教会をやめることにした。徹にも話を聞いてほしい」

私は兄に会って興奮していたので周囲がよく見えていなかったが、部屋が特別なつくりなのは分かった。隣り合う二つのツインルームがドアでつながっている、コネクティングルームと呼ばれる部屋だろう。いかにも高そうな部屋だ。

しばらくすると、部屋の隅々を意識できるようになった。ドアが中から開かないように、特別な仕掛けで細工されて固定されている。

やられた。

新宿に呼び出したのは、私を監禁して統一教会から脱会させるためだった。まさか、都心の有名ホテルの一室に監禁されるなど思いもしなかった。

隣の部屋から母が現れた。

監禁されたショックで私が茫然自失となっていると、隣部屋に通じるドアから一人の男が得体の知れない人々を従えて現れた。

背が低めでがっしりした体つき。大きな顔に、小さな釣り上がった目。いかにも闇世界で暗躍している怪しい人物に見えた。「私が宮村だ」と自己紹介をするとヘビースモーカーなのだろう、タバコのヤニの臭いが鼻をついた。

宮村——初めて聞く名前ではなかった。フルネームは宮村峻《たかし》。彼は脱会説得をするとき、自分が脱会させた元信者を子分のように同行させるのが常だった。

宮村氏はひとしきり統一教会や教祖である文鮮明《ムンソンミョン》師の悪口を言うと、タバコを取り出し吸い始めた。

「今の君にとって、文鮮明とはどんな存在だ」

宮村氏が連れてきた元信者の男性の一人に尋ねた。

その男性は灰皿の中の、タバコの吸い殻を指さし薄笑いを浮かべながら言った。

「こんな感じです」

監禁下で宮村氏や元信者に教会や教理に対する悪口を強制的に聞かされる中、じりじりと精神が追い詰められた。

「このままでは信仰を失うかもしれない」

宮村氏やその取り巻きの元信者と対面し、心底怖くなった。

宮村氏らが部屋から出て行ってしばらく後、騙し討ちの監禁への憤りが抑えきれなくなった私は、トイレに入ると中から鍵をかけて立て籠もり「出せー！　助けてくれー！」と無茶苦茶に叫んだ。ドアの鍵が外側から開けられトイレから引きずり出されて、父や兄と取っ組み合いになったが、多勢に無勢では敵うはずがなかった。すると帰ったとばかり思っていた宮村氏が、すぐに隣の部屋から現れ「どうした、徹君」と一瞥し、姿を消した。

力づくの脱出は無理と思い知らされた私は、無断欠勤しては会社をクビになるので、ここから出してくれと両親と兄に懇願した。すると父が「会社には連絡しておいたから心配するな」と言った。

こうして監禁生活が始まった。

監禁されている部屋から廊下へ出るドアは、内側から特殊な装置で施錠され開閉できなくされている。このため家族らは、監禁部屋と隣部屋を仕切っている壁のドアを使って、私の居場所にやって来る。出て行くときも、このドアを使う。向こう側の部屋には常に両親や兄がいて、その部屋から外へ出るドアも抜かりなく厳重に施錠されているはずだ。監禁部屋から脱出するには、まず隣の部屋へ行き、家族らをどうにかして、ドアの施錠を外すほかなかった。これでは成功するはずがない。

もし休暇を使った家族旅行でコネクティンググルームに宿泊しているなら、大きな窓の外に広がる東京の街並みといい、落ち着きのある本格的な室内といい、昼夜を問わず快適極まりない暮らしだったろう。しかし、ここは監獄だった。私に許されていたのは、ベッドとトイレの間を移動することだけだった。

この状況からなんとか抜け出したいと、目の前にある椅子を窓のガラスめがけて投げつけたい衝動に駆られた。思うのと体が動いたのは同時だった。「やってやる」と椅子を持ち上げた。だが割れたガラスもろとも凶器となった椅子が、地上の通行人のもとへ落ちていく様子が目に浮かび手を止めた。

それから連日、宮村氏は元信者を連れてきて、文鮮明師について聞くもおぞましい真偽不明のスキャンダルなどを言い立てたのだった。

頭がおかしくなりそうだった。

部屋を出るには、脱会した振りをするしかない。

数日後、兄と両親に統一教会の教えが間違いであるのが分かったと告げると、彼らは安堵の表情を浮かべた。私が、まだ統一教会に入会して間もない新米信者だったことから、そこまでのめり込んでいないと判断したのかもしれない。私は宮村氏や家族が監禁を解くものと期待して、解放されるのを待った。

ホテルから犬猫マンションへ

監禁されてから一週間ほどして、やっとホテルを出ることになった。だが、期待は初っ端から裏切られた。

京王プラザホテルを出発した自動車は、自宅とは別の方角へ向かって走っていた。偽りの脱会で脱走するのを阻止するため、リハビリという名目でしばらく別の場所に行くというのだ。目的地まで大した時間はかからなかった。新たな滞在場所となるマンションは、一階がペットショップの細長い六階建て。ここを宮村氏や元信者たちは「犬猫マンション」と呼んでいた。京王プラザホテルでの監禁から解放されたのも束の間、私は犬猫マンションの一室に閉じ込められたのだ。

場所は杉並区荻窪だった。荻窪には監禁による脱会説得の手法を編み出したと言われる故・森山諭《さとし》牧師の荻窪栄光教会（日本イエス・キリスト教団）がある。宮村氏も荻窪に住んでいて、森山牧師と結託して脱会説得活動を行っていた。また、脱会した元信者らも荻窪や周辺に住んでいたので、脱会説得用のマンションが荻窪近辺にいくつもあり、これらの部屋を使い回していたのだ。そして当然のように私は荻窪栄光教会に連れて行かれ、森山牧師の話を聞かされたり、礼拝に参加させられたのだった。

犬猫マンションに移動してから、私がすでに脱会したものと判断していた兄が、自分が失踪した顛末を次のように話してくれた。

兄が父から東京の実家に呼び出された日のことだ。二人で道を歩いていると、突然、父が兄の体に手をかけて「それっ」と叫んだ。すると物陰から見知らぬ男たちが現れ、兄は停めてあった自動車に押し込まれた。

車中で逃げる隙をうかがう兄。一分の隙もない父親と男たち。張り詰めた時間が流れ、踏み切りで自動車が停止した。兄はとっさに車外へ転がり出た。

逃げようとする兄と、父や男たちが路上で揉み合いになった。この様子を目撃した誰かが警察に通報したらしく、駆けつけた警察官によって兄は八王子警察署に連れて行かれた。

兄は拉致された経緯を警察官に説明して助けを求めた。しかし警察官は兄の訴えではなく、父の説明を信用した。再び自動車に乗せられた兄は、兵庫県神戸市のとあるマンションの一室に監禁され、宮村氏から脱会説得を受け、信仰を失ったという。

この拉致監禁と強制棄教で、両親と脱会屋が接点を持っただけでなく、兄も宮村氏と結びついたのだ。

統一教会信者の脱会を請け負っていた荻窪栄光教会では、「水茎会《みずくきかい》」と呼ばれる信者の脱会を願う家族の集会が頻繁に行われていた。集会には宮村氏や森山牧師によって脱会させられた元信者が多数来ていて、何人かは宮村氏の脱会説得活動に積極的に加担していた。

後藤家の場合は、母の弟にあたる叔父がクリスチャンで、その叔父の助言で子供たちを統一教会から脱会させたほうがよいとなったらしい。そこで両親は、荻窪栄光教会を訪ねたというのだ。

こうした兄と両親の経緯があって、私は拉致監禁されたのだ。

リハビリ期間中の私は、他のマンションの一室に監禁されている男性信者の脱会説得に同席させられたこともあった。京王プラザホテルの部屋に、宮村氏が引き連れてきた人々と同じ役割を演じなければならなかったのだ。監禁されて苦しんでいる男性を目の前にして、なんとしても助けてやりたかったが、偽装脱会がばれると監禁が長引き再び執拗な説得を受けなければならなくなる。私は、彼に何もしてやれなかった。

マンションの外に出る機会があるなら、逃走できるのではないかと思われるかもしれない。だが、そう簡単にはいかなかった。マンションを出て移動するとき必ず父、兄、母が私に付き添っていた。しかも、彼らは私が視界から外れないよう常に監視していた。

ある信者が逃げ出したときは、追いかける親たちが「泥棒だ」と叫んだという。すると事情を知らない街頭の人々がラグビーのタックルのように襲いかかってきて、彼は警察に突き出された。いくら事情を説明しても警察官は両親の証言ばかり信じて、信者は監禁場所へ戻された。これは他の信者たちにもよく知られたエピソードだった。

味方がいない。失敗は許されない。もし、逃走に失敗すれば再び厳重な監禁下での脱会説得が始まる。慎重にも慎重を期するようになる。絶対に逃走できる状況になるまで、じっと耐えるほかなかった。

一一月下旬、犬猫マンションに移動させられてから一カ月ほど経った。

いつものように、荻窪栄光教会の日曜礼拝に連れられて行った。高い天井、祭壇の十字架、パイプオルガン、ずらりと並んだ椅子に座っている信者、牧師の声の響き具合まで先週とまったく同じだった。

礼拝が終わった後、参加者全員で祈祷をする時間になった。祈祷では全員が目をつぶる。この日は、たまたま隣の席に母が座り父と兄は前の席に座っていた。

今しかない。

母に「トイレに行ってくる」と声をかけて席を立ち、教会の建物を出てから全速力で走った。誰かが気付いて後ろから追ってくるかもしれないと思うと、恐怖で足がすくみ思うように走れなかった。それでも渾身の力を込めて走り続けた。

ありがたいことに空車のタクシーが目に入った。私は手を大きく振りタクシーを止めた。歩いて一〇分ほど先にある荻窪駅でタクシーを降りたのでは、追いつかれて捕まる恐れがあった。

「阿佐ヶ谷まで」

私は隣駅の名を運転手に告げた。

阿佐ヶ谷駅で中央線に乗り、統一教会のホームを目指した。拉致された一〇月の秋らしさは消え、日和だけでなく街も人も様子が変わっていたが、逃げることだけに精一杯だったので構ってはいられなかった。

荻窪栄光教会では、「徹が逃げた」と礼拝堂が蜂の巣をつついたような騒ぎになり、大人数であちこち探し回ったという。両親と兄は言語に絶するほど落胆したはずで、この強烈な体験が私を脱会させようとする意志を執拗かつ頑強なものにしたのは間違いなかった。

私が犬猫マンションの監禁から脱出した一九八七年一一月に、野村證券が初の利益日本一を叩き出している。安田火災海上保険がゴッホの『ひまわり』を五三億円で落札したのも、この年だった。一九八〇年代の後半から拉致監禁される信者が急増し、一九九〇年から九二年の三年間だけで九四一人が失踪（拉致監禁）しているので、バブル景気時代は拉致監禁バブル時代でもあったのだ。

鈴木祐司として生きる

荻窪栄光教会を脱出して統一教会のホームに戻ってからも、まったく寛《くつろ》げなかった。

兄は私が寝泊まりしていたホームを知っていたので、いつ家族や宮村氏たちに待ち伏せされて拉致されるか分からなかった。そこで、教会の責任者と相談して所属教会を変えた。こうして私は台東教会から江戸川教会に移ることになったが、どこから情報が漏れるか分からないため信仰仲間にさえ知らせずホームを移動しなければならなかった。

だが、まだ安全ではない。

移動先の江戸川教会から拉致監禁されて脱会する信者が現れると、その人を通じて居場所がばれてしまう。そこで、よくありがちな姓名を選んで「鈴木祐司」と偽名を名乗ることにした。一日も早く仕事に復帰したかったが、やはり家族に居場所を特定されてしまうため大手ゼネコンも退職せざるを得なかった。

ここまでしても、安心できなかった。

偽名を使ってアルバイトを始めたものの、ホームの外へ出ると停められているワゴン車が脱会屋のものではないか、物陰に拉致実行者が潜んでいないかと気になってしかたなかった。

ホームでもバイト先でも「鈴木君」と呼ばれ、咄嗟に自分のことと分からず、やり過ごしてしまってから慌てて返事をした。こうした失敗をするたび逃げ隠れしなければならない境遇に辟易させられ、偽名で世を渡る煩わしさだけでなく終わりのない疑心暗鬼で心身ともに疲れ果てた。その上、信者を続けている妹が次なる拉致監禁のターゲットにされそうなのに、身動きの取れない私にはアドバイスくらいしかできないのがつらかった。

この心配が現実のものとなったのは、私が京王プラザホテルに監禁されてから一年と少し経過した一九八九年三月頃だった。妹が両親と兄によって拉致され、荻窪のマンションに監禁された。そして宮村氏によって、兄に続いて脱会させられたのだった。

妹を守りきれなかった後悔と、警戒を解けない日々の緊張で押しつぶされそうになりながら、書店に立ち寄ったときのことだ。本を手に取ると、日本国憲法の基本的人権と信教の自由の条項が書かれていた。

第十一条　国民は、すべての基本的人権の享有を妨げられない。この憲法が国民に保障する基本的人権は、侵すことのできない永久の権利として、現在及び将来の国民に与へられる。

第二十条　信教の自由は、何人に対してもこれを保障する。

「これは、統一教会の信者にも適用されているはずだよな」と自問した。そう、ここは北朝鮮でも中国でもなく日本なのだ。しかも人類の長い戦いの末に民主主義と自由と人権が確立された時代だ。それなのに日々拉致監禁の恐怖に怯え、一時も心が休まる暇もない。まるで、自分だけがキリシタン禁止令の受難時代にタイムスリップしたみたいだった。

この年の一一月、ベルリンの壁が崩壊した。世界が劇的に動いているというのに、私だけ出口が見つからない迷路を彷徨《さまよ》っていた。

一九九二年、妹が拉致監禁され強制的に信仰を棄てさせられてから三年が経過した。この時期、私は再び本名を名乗るようになっていたが、家族との関係は壊れたままで分断はまったく修復されていなかった。

ある日、教会で一枚の女性信者の写真を手渡された。

写真の主、Aさんは東京都内の教会に所属する女性だった。

八月、私はAさんと共に韓国ソウルで行われた国際合同結婚式に参加した。この年の合同結婚式は三万双と呼ばれる。合同結婚式で結ばれた夫婦の数が、三万組に達したという意味だ。韓国での式典の空き時間、私は自分を語り、Aさんの話に耳を傾けた。Aさんも飾らず率直に自らを語り、同じように私の話を聞いてくれた。

当時、著名なタレントや運動選手が合同結婚式に参加すると報道されたため、週刊誌やテレビをにぎわすスキャンダルになった。見ず知らずの相手と有無を言わせず強制的に結婚させられるというのだ。

しかし実際は、私とAさんのように同じ信仰を持つ人が紹介されて出会い、理解を深めた上で、人生の伴侶となることを受け入れた人々が一堂に会するのが合同結婚式だ。合同結婚式は、参加した相手を永遠の伴侶として幸せな家庭を築くことを誓い合う出発の儀式なのだ。これは、もちろん信仰と家庭観を共有する私とAさんの願いでもあった。

ところが、合同結婚式からしばらくして実家に帰省したAさんが失踪した。都内にある彼女の実家に駆けつけてみると、もぬけの殻だった。拉致監禁されたのは、ほぼ間違いなかった。入籍前の婚約者にすぎない私は、警察に相談しても「家族の問題」と一蹴されて対応してもらえない。Aさんが監禁下で苦しんでいると思うと私は眠れず、なす術がない焦りから無事な姿を見せてくれるよう願掛けとして一週間の断食をした。

一日として心が静まる日がないまま、失踪から二カ月が経った。ある人からAさんが山梨県都留市にある日本基督教団谷村《やむら》教会で脱会後のリハビリ生活をしていると聞かされた。谷村教会の川崎経子《きょうこ》牧師は、脱会説得者として関係者によく知られた牧師だった。

私は都留市へ向かった。話し合いをしようとしたが、Aさんはすでに信仰を失い統一教会を脱会すると決めていた。しかも婚約を破棄するという。私はAさんの気持ちを尊重するほかなかった。

妹を救えなかっただけでなく、婚約者の棄教はあまりに苦い体験だった。信仰を共有する大切な人たちが次々と離れていくつらさが癒えない中、宮村氏に監禁下で脱会を強要されたものの教会に戻ることができた信者から、「閉じ込められているとき、お兄さんに会ったよ」と教えられた。

もう何年も会っていない兄が、宮村氏が経営する会社に就職し、宮村氏と共に統一教会信者に対する脱会説得活動を精力的に行っているのは聞いていた。あらためて監禁現場に兄が現れたと聞くと本当に嫌な気持ちになった。一九九一年に東京地裁に統一教会を被告とする損害賠償請求訴訟（いわるゆる「青春を返せ裁判」）を四〇人の元信者が提起したが、兄もその一人だった。

一九八七年に兄の脱会と私が経験した拉致監禁、一九八九年の妹への拉致監禁と強制棄教、一九九二年の婚約者Aさんへの拉致監禁と強制棄教と怒涛のように年月が過ぎた。

私は信仰を持ってからすでに六年が経っていた。拉致監禁の恐怖から大手ゼネコンを辞め、しばらくアルバイトをした後に信徒組織で献身的に伝道活動や教育活動を行うようになっていた。そして拉致監禁に怯える日々の中で孤独と焦燥と切迫感に苛まれた私は、一つの武器を手に入れていた。

それは「祈り」だ。

私は統一教会を知るまで神を信じていなかったので、祈ったこともなかった。ところが祈りが神に通じ、神に聞かれている体験から、祈りとは神との人格と人格の交わりだと気付いた。なにかと足りない私を、神が子女として愛して導いて下さっているのを感じるのだ。

だから拉致監禁に怯えていた私は、神にすがりついて必死に祈った。来る日も来る日も時間を見つけては教会の祈祷室に籠もって神に祈り求めた。その結果、神から与えられた答えはとても単純だった。再び拉致監禁されたとしても、絶対に信仰が壊されない自分を、自分の責任でつくり上げる。環境が問題ではなく、自分の問題だ。

「祈り」に加えて、「迫害」についての文鮮明師のみ言《ことば》(説教)を暗記した。文師のみ言を心に刻んで、監禁下であってもいつでも取り出せるようにしたのだ。

そして拉致監禁を教唆する反対派の人たちは、どのような人たちで、監禁現場では何を聞かされ、どうして拉致監禁されると信仰を失ってしまうのかを、反対派と教会側の書籍を付き合わせて研究した。

すると、拉致監禁と強制棄教の仕組みがはっきりした。

まず、歴史的な経緯が整理できた。

韓国発祥の統一教会は、日本において一九六四年七月一五日に法人認証を受けた。現在の北朝鮮で出生した創始者の文鮮明師は自身がキリスト教の再臨主（救世主・メシヤ）であることを宣布し、特に真理を求める二〇代の若者を中心に爆発的に教勢を拡大していた。

一九六〇年代は東西の冷戦関係が再び緊張した時代だった。

一九六八年には統一教会の友好団体として政治団体・国際勝共連合が設立され「共産主義は間違っている」をスローガンに、共産革命から日本を守るため勝共運動を国内外で果敢に展開した。こうして新宗教として出発した統一教会に、統一教会を異端視するキリスト教界と、勝共運動を毛嫌いする左翼勢力が敵対するようになった。反対派の誕生だ。

これが対立の発端であっただけでなく、拉致監禁と強制棄教が行われる背景だったのも分かった。

統一教会は新しい宗教で実態が知られていなかったため、敵対する反対派が吹聴した「統一教会ではリンチ殺人が行われている」「行方不明者がいる」「犯罪者になる」というデマが、信者の親たちを不安に陥れた。

七〇年代後半からは反対派が脱会屋として暗躍し、信者を精神科病院に強制入院させる事件が多発するようになった。例えば私が京王プラザホテルに監禁される七年前に、精神科病院の鉄格子のある病棟に八七日間にわたり強制入院させられ、拘束、注射、薬の服用を強要された徳島市議の美馬《みま》秀夫《ひでお》氏（令和七年現在七期目）の例では、教団からの人身保護請求で助け出され、同様の被害に遭った女性信者二人と共に民事訴訟で総額二五〇〇万円の支払いを命じる判決を勝ち取っている。

人身保護請求で精神科病院を使った脱会強要が困難になると、監禁場所として自宅以外のマンションを使うのが主流になった。だから私が監禁されたのも、見知らぬマンションだったのだ。

八〇年代後半になると、冷戦とは別の政治的な対立が生じた。「スパイ防止法制定」の動きだ。するとスパイ防止法に危機感を募らせた左翼陣営が、敵対する統一教会と勝共連合を壊滅させようと〝霊感商法〟キャンペーンを開始した。また脱会屋は組織的につながり、信者の親族に対して拉致監禁を教唆するようになった。反統一教会報道で社会が震え上がり、信者の親たちが脱会屋に助けを求める動きが加速し、拉致監禁が急増したのだった。

脱会屋の多くはキリスト教の牧師だった。もし、信者が監禁から逃げ出して脱会屋を法的に訴えたとしても敗訴するリスクを回避し、確実に脱会させられる方法として編み出されたのが、信者家族を詳細に教育し、この信者家族に拉致監禁をさせる方法だった。脱会屋は親から頼まれた体《てい》で監禁現場に出入りし、棄教強要を行う。法的に訴えられても、脱会屋は「親に頼まれて話しに行っただけ」と言い逃れようとしたのだ。さらに、脱会屋たちは拉致監禁のことを「保護」と呼び、親たちが法を犯す抵抗感を麻痺させた。

しかも、高額の金銭が支払われたという証言も多々あり、相談料（勉強会会費）、実行料（謝礼金）、支援金（他の脱会説得へのカンパ、教会献堂への献金）などが脱会屋に支払われていたのだ。

では、何が行われたのか。

脱会屋は監禁下で、情報を操作して教理、教会、教祖を信じられなくしていた。同時に信者の心を折るため、両親、兄姉、弟妹、加えて小さい頃お世話になった叔父や叔母、恩師、仲の良い友人、元信者まで連れてきて感情的に揺さぶる。信者を心底愛して心配する彼らは自然の感情の発露として時に泣き、時に怒り、時に哀願する。

揺らぐ心に脱会屋がつけ込むようにつぶやく。

「目の前の家族をこれほど悲しませて、何が愛の教えだ」

家族とは何かを考え、親孝行をしたいと教会に入ったものの何が真理か分からなくなる。こうして拉致監禁されると約七割の信者が統一教会から離れていったのだ。

宮村峻氏が特に脱会屋の群れの中心的な人物なのも分かってきた。宮村氏は牧師ではなく、小さな広告代理店の社長だった。数人の社員は、ほとんど宮村氏が脱会させた元信者で、その一人が兄だった。宮村氏は統一教会信者に対する脱会説得にかなり自信を持っているらしく、信者家族に対して「必ず説得してみせます」と豪語するらしい。

兄は統一教会を脱会後、宮村氏に誘われて荻窪栄光教会に居着くようになり、荻窪にアパートを借りて暮らし始めた。そして宮村氏が経営する会社に就職して脱会説得活動も手助けし、会社でも脱会屋業でも彼の鞄持ちのような存在になった。

兄は宮村氏に感化され、「自分が弟と妹を統一教会に引き込んでしまった」と深く後悔した。こうして兄は統一教会の元信者として、信者を「救出」することを自身のライフワークと考えるようになっていた。

拉致監禁と強制棄教の仕組みを知れば知るほど、私は憂鬱《ゆううつ》になった。しかし一方で、情報を収集して学んだことで確信や覚悟が芽生えて心境に変化が兆してきた。

家族との関係がいつまでもこのままではらちが明かない。そこで自分から一歩、関係修復へ踏み出すことにした。

父と電話で話をして拉致監禁の話題になったときのことだ。父は「もうあんなことはしない」と約束してくれた。

両親が私を拉致監禁したのは許し難かった。だがこれは、子供の人生を心配するからこその行動だろう。そこで電話での会話から始めて、手紙を送ったり、家族の誕生日にはプレゼントを贈るなどして関係を修復する努力をした。それが実を結んだのだろう、犬猫マンションでの拉致監禁から七年が経った一九九四年ともなると、実家に帰れるまでに両親との関係が回復していた。私は三〇代になったが、もう一度親子をやり直せると期待が芽生え、自分もまだまだこれからだと思えるようになった。

一九九五年、兄が六歳年下の女性と結婚した。阪神淡路大震災や地下鉄サリン事件が発生し、騒然とした年のことだ。結婚の相手は統一教会の元信者で、宮村氏とキリスト教の牧師から脱会説得を受けて信仰を棄てた人だった。

そして兄だけでなく兄嫁も新潟地裁で「青春を返せ裁判」を提起していた。つまり統一教会の元信者同士が、統一教会への反対活動をする仲間として知り合い結婚したのだ。

この兄と兄嫁の関係は、私と新たな婚約者の関係に影を落とした。

兄が結婚した年、私は三十六万双国際合同結婚式に女性信者のBさんと参加した。Bさんも家族から強く信仰を反対されていたため、私たちはお互いの家族の事情をよく話し合った。

両親、兄、妹、兄嫁と私の家族について説明すると、Bさんはみるみる不安そうな面持ちになった。家族全員が宮村氏につながり、兄と妹と兄嫁は脱会屋による棄教強要で脱会した元信者で、しかも兄は宮村氏と組んで熱心に脱会活動を行っている。こんな話を聞いて不安にならないほうがおかしい。

だが私は、拉致監禁を経て八年間で培った知識と経験があった。監禁されても絶対に神と文鮮明師を裏切らない自信もあった。

「大丈夫。たとえ拉致監禁されても必ず帰ってきますから。信じて下さい」

これを聞いて、Bさんの表情が少しだけ明るさを取り戻した。そして、二人で幸福な家庭を築こうと誓い合った。

合同結婚式は私とBさんにとって新たな門出となった。私は三一歳になっていた。人生でもっとも充実する時期を迎え、仕事に家庭にと夢と希望で胸を膨らませた。

しかし、この時すでに家族は虎視眈々と二度目の強制棄教について計画を立て、私を拉致監禁する準備を余念なく進めていた。この準備が、一二年五カ月間にわたる壮絶な戦いを生むとは彼らも想定できなかったはずだ。

第二章——完全なる崩壊

高速道路の暗闇の先で

一九九五年八月に国際合同結婚式に参加して、私の人生は新たな一歩を踏み出していた。合同結婚式の後は新居を探して、入籍してと、とにかくやらなければならないことがいっぱいだった。Bさんと共に計画を一つずつ実行していく間、私は『飛翔館』と呼ばれる都内のホームに住み込んで、伝道されて間もない青年信者の教育に携わっていた。

慌ただしい日々を送っていた私に、父が電話をかけてきた。

「また近いうちに飯でも食いに来いよ」

「そうだな」

この頃、数カ月に一度くらい実家に帰省し、夕食を共にとりながらひとときを過ごすのが習慣になっていた。料理好きな父が腕をふるって寿司を握ることもあったので、私は帰省をするのがとても楽しみだった。

「一一日はどうだ」

私は壁に掛けてあるカレンダーを見た。九月一一日は月曜日だった。月曜日は調整日と呼ばれるスケジュールに余裕がある日だったので、夜はたいてい予定が空いていた。

「うん、いいよ」

「じゃあ待ってるぞ」

私が小、中学生時代を過ごした実家は、都内でも郊外と呼べそうな場所にあった。中古物件を買ったとあって古びてきたので、私が実家に帰省するようになる前に建て替えられていた。

建て替え前の二階の窓から眺めた景色は、私のお気に入りだった。眼下にはキャベツ畑が広がり、その先には芝生が広がっていて、青々と繁った森を望むことができた。朝方や夕刻には森からコジュケイやオナガの鳴き声が聞こえてきた。

一階のトイレの横には木目が茶色く変色した柱があり、三兄妹の背丈が黒や赤のマジックで幾筋も書き込まれていた。二階の一〇畳ほどの広い板張りの廊下では、兄と妹と走り回って遊んだものだ。兄の声、妹の声、足音とすべてを昨日の出来事のように思い出せる。

新しい家は、ベージュの壁に茶色の屋根を載せた洒落た二階建ての家だった。設計には父の意向が色濃く反映されたと聞いた。玄関を入ると右手に八畳ほどの居間があり、ここが家のメインスペースだった。居間は隣のキッチンとカウンター越しにつながっている、いわゆるリビングダイニングキッチンだ。初めて新築の家に招かれたときは「料理好きの父らしい造りだな」と思った。この居間で家族と夕食を共にして団らんのひとときを過ごすのだ。

京王プラザホテルに監禁されてから八年が経っていた。

父は「もうあんなことはしない」と約束してくれた。家族との関係も、実家に帰省するだけでなく談笑できるまでに回復していた。

だが心の片隅にある「もしかしたら、またやられるかもしれない」という疑念を払拭しきれないのも事実だった。ひとたび親が脱会屋につながると、拉致監禁が失敗しても何度も繰り返し実行されるケースが多かったのだ。ましてや、兄と宮村氏の関係が切れたとの情報は入っておらず、相変わらず兄は脱会活動に取り組んでいると思われた。

拉致監禁はもうまっぴらごめんだった。でも両親や兄妹の笑顔を見たい。そこで自分を安心させるため、私は家族を信じようとした。「もうやらないだろう」と自分自身に言い聞かせて帰省するたび、自ら警戒心を解いていったのだ。

九月一一日の夕刻、私は日が暮れかけた頃に実家に着いた。

この日は半年ほど前に結婚式を終え、実家近くのマンションで新婚生活を送っていた兄と兄嫁も食卓を囲んでいた。食事を終えてしばらく家族と過ごし、そろそろ帰ろうと思い始めたときだった。突然、父が私のほうに向き直って真剣な顔で言った。

「徹、ちょっと話がある」

すると和やかな雰囲気が一変し、皆堅苦しい表情になった。母はひざに手を置いて眉間にしわを寄せたままうつむいている。兄、兄嫁、妹は押し黙ったまま、父の次の言葉をじっと待っていた。

父が言った。

「おまえが統一教会で活動しているのを、皆とても心配している」

よほど緊張しているのか、しゃべり方が一本調子で声がうわずっていた。

父に続いて兄が口を開いた。

「徹が統一教会の間違いを分かってくれると期待していた。家族としても、今まで耐えてきたんだ」

今までも家族と統一教会の話をすることはあった。特に兄とは統一教会の活動の是非についてよく話し合った。しかし、今日は明らかにいつもと様子が違う。

父が訥々と統一教会への批判を口にして、しばらく沈黙してから言った。

「家族としては、どうしても徹のことを放っておけない」

また、深い静けさが食卓を包んだ。

「ここでは何だから、別の場所に行こう」

「話ならここですればいいだろ」

「いや、ここではダメだ」

兄が答えた。

押し問答が続いた。

突然、年配の男性が居間に現れた。山形県に住んでいる叔父だった。体格のいい叔父がわざわざ呼び出されているのは、私が逃走するのを防ぐためなのは明らかだった。このままでは力づくで拉致されるのが目に見えていた。何もかも想定外だった。私は激しく動揺した。パニックに陥ったと言ってもよい。どうすればよいのか考えようとしても、緊張と恐怖で頭が回らず、身動きまでとれなくなった。

時刻は午後九時を過ぎた。膠着《こうちゃく》状態に業を煮やしたのか、兄嫁が居間に響き渡る張りのある声で言った。

「いつまでもこんなことをしていてもしょうがないわ。もう行きましょうよ」

これが合図となって立ち上がった兄と父が、素早く私の左右に回り込んで両脇を抱えて持ち上げようとした。私はしゃがみ込んで抵抗したが、実力行使に叔父までが加わり、全方位からさらに強い力で引っ張り上げられた。強烈な絶望感に全身を貫かれて、私は抗《あらが》う気力が失せてしまった。

脱力している私を、家族たちが玄関から外へ引きずり出した。家から漏れる明かりに照らされて、見たこともない三〇歳くらいの男が表情ひとつないまま私を見つめていた。

男は小さな庭の前にいて、その先に塀があり、塀の向こうは畑だった。庭から逃走するのを阻むため、拉致要員が用意周到に準備されているのを目の当たりにして、逃げられっこないと思った。

家の前の道路にワゴン車が待機していた。私が車内に押し込められると、家族も全員乗り込み、運転席には庭先にいた男とは別の知らない男が座っていた。後で分かったことだが、運転席の男は兄嫁の実兄だった。私は一番後ろのシートの中央に座らされ、右側から父に、左側から兄に挟み込まれた。

私は父に腕を掴まれていた。

「痛いな。手を離せよ。もうこんなことはやらないと言っただろ」

家族は終始無言だった。

私は、激しい憤りが込み上げ「どこに連れて行くつもりだ」と尋ねると、兄は「行けば分かる」とだけ答えた。

ワゴン車が一般道から高速道路に入った。だが、どこへ向かっているのか行き先がようとして知れなかった。

どうしたら逃げられるだろう。車内で暴れて大声で叫んでも口を塞がれて押さえ込まれるのがおちだ。では、どうしたら。ずっと、こんなことを考え続けた。走り出して二時間くらい経った。私は緊張から尿意をもよおしていた。

「トイレに行きたい」

ワゴン車から出てパーキングエリアのトイレに行かせてもらえるものと私は期待した。もちろん本当に小便をしたかったが、トイレで用を足すのに乗じてあわよくば逃走しようと考えた。いくら高速道路の途中でも、なんとかなるはずだ。

「これを使ってくれ」

兄が差し出したのは、ビニール製の携帯用トイレだった。

「ここでやれってことかよ」

兄は申し訳なさそうな顔をして「すまんな」と言った。

仕方なく差し出された携帯トイレで用を足すことにした。車内で小便をするなんて、生まれて初めての経験だった。シートに座ったままではうまくいかない。かといって立ち上がれない。試行錯誤の末、ズボンを脱いで前屈みになり腰をシートから少し浮かせると用を足せるのが分かった。ジョーと音がして、尿の臭いが漂った。兄嫁や知らない男も乗っているワゴン車で味わった、放尿をめぐる屈辱は忘れようにも忘れられないものになった。

ワゴン車は高速道路の暗闇を走り続けていた。誰も喋らない車内にエンジン音だけが響き、暗く重たい空気が充満していた。ウインドウの向こうを飛び去っていく道路標識から、どうも新潟方面に向かっているらしいのが分かった。

ただ分かったただけだ。新潟方面に向かっているからといって、私にできることはない。絶望感に押しつぶされそうになり、目を閉じて心の中で神に祈った。

「天のお父様、これから厳しい戦いが待ち受けていると思います。しかし、私は決してあなたを裏切りません。必ず生還いたします。どうか私と共にあって守り導いて下さい」

高速道路を出て一般道を走っていたワゴン車が停車した。都内の実家を出てから四、五時間経っている。私は父に腕を掴まれたままワゴン車から降ろされた。午前二時頃ではないだろうか、住宅や事務所ビルがある特に特徴のない街は静まり返っていた。

目の前にあるマンションが監禁場所らしい。

左右から兄と父に腕を拘束され、他の同行者に取り囲まれてマンションのエレベーターに乗せられた。二、三、四、五、六階。エレベーターから下ろされ、共用廊下の一番奥まで連れて行かれた。大人数に囲まれていたので、逃げる隙などなかった。

六〇七号室へ押し込められるや、背後でドアが閉まる音がした。玄関と廊下はカーテンで仕切られ、廊下の先は一二畳ほどのキッチンと一体の洋間だった。この殺風景な居間に二人は並べそうなテーブルがぽつんと置かれていた。

ここはどこなのか。私は家族に裏切られたショックも相まって不安に駆られたまま、居間を注意深く見回した。大きなサッシ戸があり、ベランダに出られるようになっている。サッシ戸に寄って上枠を見ると、得体の知れないものが取り付けてあった。金属製の器具だ。名刺を一回り小さくしたくらいの大きさで、赤く塗装されていた。この物々しさは、厳重な施錠装置に違いない。

無性に腹が立った私は「もうこんなことはしないと言っていただろう」と家族をなじり、サッシの上部に取り付けてある赤い施錠具を指さして「この鍵はなんだ、こんな人権侵害が許されると思っているのか！　拉致監禁は犯罪だ！」と言ってやった。

すると、父は「確かにそのように言った」と認め、「他にどうしようもなかったんだ」と少しすまなそうにした。

「これは拉致監禁じゃない。保護だ」

兄の口調は恐ろしいくらい淡々としていた。さらに続けて、「言っておくが、この問題は絶対に許さんからな。この問題を解決するまでは絶対に妥協しないし、ここも、このままだ。俺たちはどんな犠牲を払っても決着をつける。おまえも覚悟しておけ」と一気に言った。

「ここは六階だよね」

「そうだ。窓から飛び降りたら絶対に死ぬぞ。まあ、死なない程度に悩みな」

兄はどこまでも強気で冷徹だった。

部屋にはしばらく生活するための、衣類や食料など最低限の生活必需品が揃えてあった。しか

新潟パレスマンション607号室　間取り図

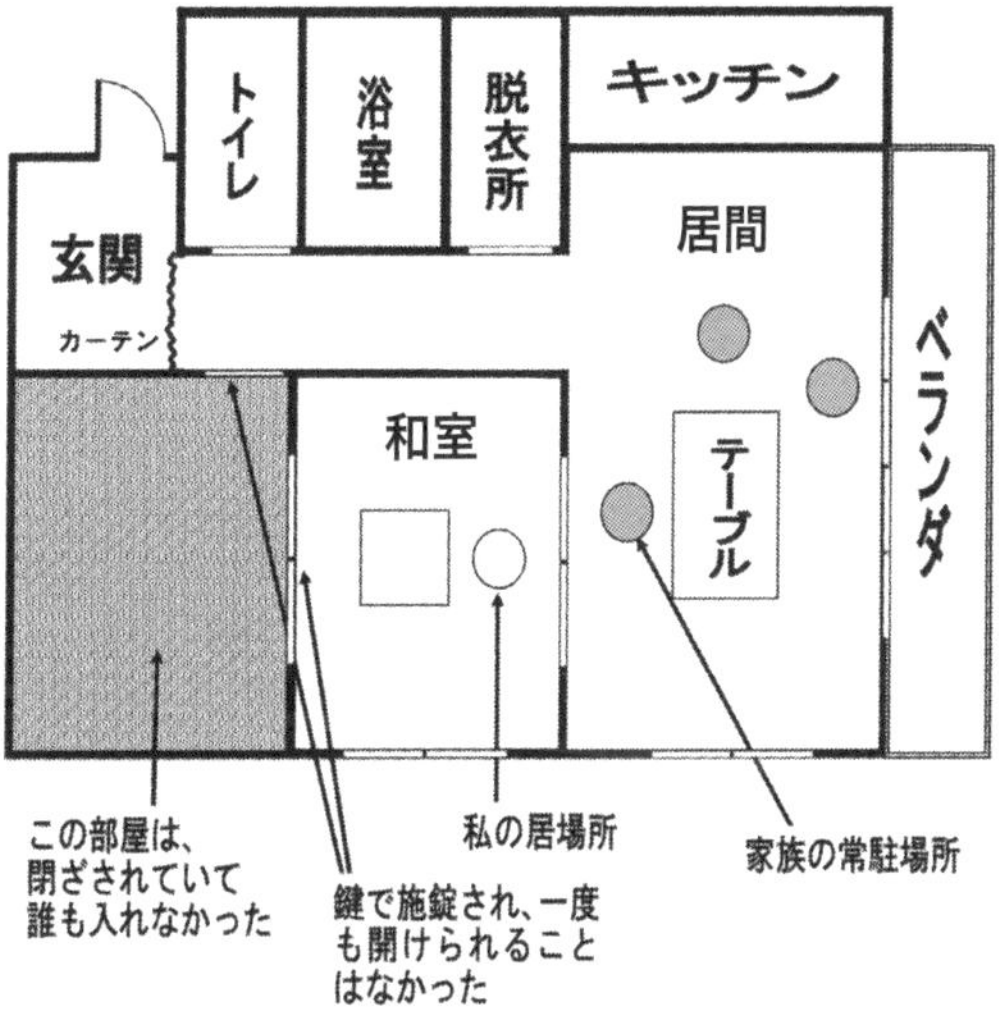

しテレビやラジオはなく、外部からの情報は完全に遮断されていた。

いつの間にか午前三時になっていた。

私は居間の隣にある六畳の和室に寝るように言われた。廊下と居間と和室はコの字型に並んでいる。和室に入ると布団が敷いてあった。窓を見ると居間のサッシ戸と同様、上枠に赤い施錠装置が取り付けられている。

こんな所にもか。

しかも和室の先にも部屋があるらしく壁に引き戸が付いていたが、ここにも同じ施錠装置があった。試しに開けてみようとしたが、びくともしない。

なぜ引き戸に施錠装置が取り付けられているのか理解できなかったが、もうどうでもよかった。いたるところ施錠だらけの異様な空間に放り込まれた怒りだけでなく、あの八年前に宮村氏から受けた棄教強要の苦しみがよみがえり、これからまたあの苦しみが始まると思うと神経が高ぶって、布団に入っても一向に寝付けなかった。

笑みをたたえた牧師の登場

「ここはどこだ」

目が覚めきらないまどろみの中、何もかもがいつもと違い恐ろしいくらいに戸惑った。よほど悪い夢を見たのだろう、寝汗をかきとても気分が悪い。だか、すぐに現実が頭の中によみがえり、昨日来の自分の身に襲いかかった出来事を思い出した。

ここは新潟方面のどこかにあるマンションの六階。曜日は火曜日。時刻は午前八時。今頃、私が失踪して飛翔館は大騒ぎになっているだろう。皆が心配していると思うと胸が痛んだ。

マンションには両親、妹、兄嫁、叔父が残っていた。兄だけが仕事のため東京に帰ったという。脱出できるだろうか。私が考えられることは、これだけだった。

兄がいないとはいえ、体格のよい叔父を含め大人が五人いる。騒いで暴れても、力で押さえ込まれるのは京王プラザホテルのときと同じだろう。

だが、全員を殴り倒したら脱出できるかもしれない。とはいえ、家族に暴力は振るえない。施錠されたサッシ戸のガラスを蹴破れたとしても、ここは六階だ。家族らも必死だから、ベランダでもみ合いになって共々真っ逆さまに地面に落ちてしまうかもしれない。

どう考えても、玄関から脱出するほかなかった。

玄関を入るとすぐトイレがあり、隣は風呂場だった。トイレに用を足しに行ったとき、監視の目が厳しくて玄関前の目隠し用のカーテンを払い除けられなかったが、ドアに特殊な施錠装置が取り付けられているのは間違いない。

和室、居間、廊下、トイレと歩くことで、間取りの全容が理解できるようになった。開かずの間の廊下に面した側にドアがあり、トイレの真正面に出られるようになっているらしい。このため六畳の和室から開かずの間を通過して逃亡しないように、引き戸が施錠されているのだ。

このマンションを監禁現場に決めるとき、家族が脱会屋の指導を受けながら部屋の使い道を入念に決め、間取りの弱点をつぶしていったのだ。下見をしながら、ここをこうしよう、あそこはこうしようと相談している様子が目に浮かんだ。

脱出をシミュレーションしても絶望的な結論しか得られず、私は疲れ果ててしまった。

「徹は昔から真面目で正義感が強いからな。そんな徹が人生を懸けるほどの統一教会の教えをもっと知りたいんだ。教えてくれないか」

家族全員で朝食を済ませた後に、父が言った。

これは、よく知られた脱会説得の入り口だった。父に促されて私が教義を解説したとする。解説を終えるまで、それなりに時間がかかるだろう。それでも家族は静かに聞き入る。次は「話は分った。今度はこちらの話を聞いてほしい」と切り出し、脱会屋が登場する。

父の申し出を拒否しても、牧師を拒絶しても、私が解放されるわけではない。むしろ監禁期間が長引くだけだ。前回の京王プラザホテルから犬猫マンションでの監禁で、嫌というほど私は学んでいた。つまり私には選択肢がなかった。

「仕方ないな」

私が渋々承諾すると、父は辞典ほどの厚さがある本を持ってきた。統一教会の教理解説書『原理講論』だった。

私は父にノートを持ってくるように頼んだ。

寝室として使っている和室にちゃぶ台を据えて父、母、妹、兄嫁が揃うと、私は原理講論とノートを前にして教会で講師を務めるように解説した。ノートに図示して説明するものの、原理講論は六〇〇ページもある大著で、聞き慣れない用語も多く、あらましだけといっても本当に学ぼうとする姿勢がなければ理解は難しいはずだ。

「今のところがよく分からないんだが」

父が質問し、私が答える。こうしたやりとりを繰り返した。

母は心ここにあらずといった表情をしていた。原理講論などどうでもよく、ただただ一刻も早く統一教会をやめてほしいと願っているだけなのだろう。

妹と兄嫁も静かに話に耳を傾けているように見えるが、彼女らは兄同様に統一教会から脱会後はプロテスタントのキリスト教に改宗しているので、私の解説などどうでもよいはずだ。

さわりの部分を一通り説明したところで父が感心したように言った。

「なかなかいい教えじゃないか」

父の言葉を額面通りに受け取れるはずがなかった。自分の子供を監禁してまでも脱会させようとする宗教の教えを、よいと思っているはずがない。茶番に付き合わされているのは承知の上で、逃げ場のない私は最後まで解説をやり遂げるほかなかった。

七日間かけて原理講論の解説を終えた。この間、教理を説明している時間を除くと、家族は特に何かをするわけでもなく私を見張り、私は朝起きたら顔を洗って用意されていた安全剃刀で髭を剃り、一日三回食事をして、風呂に入り、眠る暮らしだった。平和なひとときのように思えるかもしれないが、逃れられない環境で穴を掘っては埋めさせられ、また掘るような日々だったのだ。

私が原理講論を閉じると、父が「徹の説明を聞いても納得いかん。教えはいいんだが、やっていることに問題が多いと思う」とつぶやいた。報道されたり、週刊誌ネタにされているあれこれが問題というのだろう。これには私なりの考えがあったし、言いたいこともあったが、ここで父に抗弁したところでどうにもなるまい。

父は続けて言った。

「実は統一教会に詳しいキリスト教の牧師先生がいる。この人の話を徹に聞いてもらいたい」

返事をする間などなかった。

「こんにちは。松永といいます」

いつの間にか、満面に笑みをたたえた男が隣の居間にいた。男は家族が揃っている和室にやって来て、ちゃぶ台を挟んで私の真正面に座った。六〇歳くらいに見える容貌で、額から頭頂部にかけて髪がなく、笑顔によって穏やかな人柄のように感じられるが、目を見ると何を考えているのか分からない底なしの不気味さを感じた。

「徹君ですね。ご両親に依頼されて統一教会について話をするために来ました」

松永という名前だけは聞いたことがあった。新津《にいつ》福音キリスト教会の松永堡智《やすとも》牧師は、宮村峻氏と並んで監禁下での脱会活動を熱心に行っている人物だった。

「徹君。ご両親は、君のことをとても心配しているんだよ」

「こういうやり方はまったく納得できません」

「私は統一教会を非常に問題のある団体だと思っています。教理ひとつ取ってもデタラメです」

松永牧師は鞄の中から原理講論を取り出すと、ちゃぶ台の上に置いて開いて見せた。統一教会の一般信者が持っている原理講論はたいてい文庫本サイズだったが、一回り大きなA5判サイズだった。かなり読み込んでいるのだろう、ページというページがひどくくたびれていた。

松永牧師は原理講論のいくつかの箇所を取り上げて批判すると、「では、徹君よく考えてみて下さい」と言い残して和室を出て行った。すると兄嫁が素早く立ち上がり、後を追うように松永牧師を玄関まで見送った。

「徹、松永先生はどうだった」

私なりの松永牧師への見立てや感想はあったが、父に語るのはやめた。私が口にしたことは、「監禁部屋に説得に来る牧師なんて、信用ならない」

逐一松永牧師に報告されるだろう。こちらが考えていることをさらけ出すのは相手を利するだけだ。

私は松永牧師が言いたいことを理解していた。

統一教会の教えは、聖書の教えからまったく外れている。聖書のみが唯一の真理で、完結したものである。いっぽう、統一教会の教理である統一原理は、聖書は真理それ自体ではなく、真理を教示してくれる一つの教科書としている。これは本当に正しいのか。こうした点を松永牧師は批判して、次回の宿題として残して行ったのだ。

議論したところで噛み合うはずがない。松永牧師は、ひたすら「聖書のみが唯一の真理」と言い張り、少しでも異論があれば「サタンの惑わし」扱いするだろう。松永牧師が妥協したり、考えを改めることはないのだ。

この日、これからどうすべきか床に就き寝たふりをしながら考えた。やはり「偽装脱会」しか手立てはなさそうだ。泣こうが喚こうが、信者が信仰を保持している限り、監禁する側は決して妥協しない。これは、分かりきっていた。

前回も京王プラザホテルに監禁されたままだったら脱出は不可能だったが、偽装脱会をして犬猫マンションへ移動し、荻窪栄光教会の日曜礼拝に参加させられたから逃亡できた。外に出る機会さえあれば、そこに隙が生じて逃げる機会が必ず巡ってくる。

しかし、相手は拉致監禁と強制棄教のプロなので、ちょっとやそっとでは騙せない。家族や松永牧師が「これくらい言い聞かせれば、信仰を保てなくなるだろう」と思うまで私を徹底的に批判させなければならない。常人だったら狂ってしまうほどの状態まで私を追い詰めなければ、彼らは納得しないだろう。ましてや、かつて彼らは私の「やめた振り」に騙されて逃がしてしまっているのだ。

「あれだけ準備してきたんだ。何をされても簡単にはつぶされない」

私は神から、絶対に信仰を棄てず、裏切らない自分をつくり上げろと答えを与えられたではないか。脱会屋が監禁下でどんな情報を提示して信仰を破壊しようとするのか、その手口に関する知識も予習済みだ。そして、なんとしても将来を誓い合ったBさんの元へ戻らなくてはいけない。

ただ松永牧師と面談してからというもの、心に居座った恐怖をコントロールできなくなりつつあるのも事実だった。京王プラザホテルに監禁されて宮村氏の強制説得を受けた苦痛が、知らぬうちに強烈なトラウマになっていたようだ。遠くから恐怖が一歩また一歩と近づいてくるようだった。

あの苦しみがまた始まるのかと思うと、ありったけの大声で叫びたい衝動に駆られた。叫ぶことで何も解決しなかったとしても、一瞬だけでも恐怖を忘れられるのではないか。しかし、こんなことをすれば、家族との関係がさらにややこしくなるのは間違いない。

脱会宣言

監禁期間が長くなるほどに気になるのはBさんのことだった。

「たとえ再び拉致監禁されることがあっても必ず帰ってきます」と言ったとき、Bさんは少し安心した様子を見せていた。彼女は、今どうしているだろうか。今の私は電話をかけられないだけでなく、手紙も送れない。もし電話や手紙で連絡できたとしても、ここがどこか知らない私はBさんに何も伝えられないのだった。

あれから松永牧師は週に三回ほどやって来て、統一教会や原理講論を批判して行く。彼はいつもインターホンを鳴らさず、「コンコンコン」と符牒のような間隔と回数でノックした。この音がすると家族は緊張した様子で玄関に行き、鍵を開けて牧師を迎え入れた。

緊張するのは家族だけでなく、もちろん私もナーバスになり、強烈な不快感とともに血の気が引いた。そのせいで監禁から解放されても、ノック音を聞くだけでまったく同じ不快感に襲われるようになってしまったくらいだ。

ノックとともに現れた松永牧師は、今日もちゃぶ台の上に聖書と原理講論を並べて言う。

「メシヤという言葉はもともと聖書から出てきている。その聖書から見て、文鮮明がなぜメシヤなのか。説明してみなさい」

「誰が何を信じようと自由でしょ。もし私をやめさせたいなら、統一教会の批判ばかりではなく、統一原理以上のものを提示して下さい」

「私はご両親から、キリスト教の伝道ではなく説得を頼まれている。まず、あなたが問題のある統一教会のことをここで真剣に考えることが先だ。ここはそのための話し合いの場所だ」

「こんな所に閉じ込めておいて、話し合いなどあり得ない。卑怯ですよ。あなた方は統一教会を批判しますが、統一教会はあなた方のように誰かを監禁して信者にしたりしませんよ」

監禁の事実と非道を指摘しても、松永牧師は悪びれもしない。彼は原理講論に視線を落としたまま言った。

「あなたは、どうして味噌と糞の区別もつかないのか」とか、「原理講論には『キリスト教の教理の中で、淫乱がもっとも大きな罪として取り扱われている』と書いてあるがこれは間違ってる。旧約聖書の十戒では姦淫は七番目で、一番ではない」など、重箱の隅をつつくような批判だった。

「人間の子は人間。猿の子は猿。神の子であるキリストは神に決まっているでしょう。どうして人間が神の子になれるのか。神の子であるキリストは、神ご自身であるイエス以外にあり得ない。人間である文鮮明がメシヤになれるはずはない」

まだここまでは、「聖書のみが唯一の真理で、完結したもの」とする松永牧師ならではの言い分だ。ところが興奮してくると、彼はマンション中に響き渡りそうな声で「統一教会は、犯罪集団だ！」と決めつけ、「こんなに金、金と言うのがメシヤのはずがない。イエス様とまったく違うじゃないか！」と喚き立てた。こうなると理屈も何もあったものではなく、手がつけられなくなる。

松永牧師は統一教会を脱会した元信者をよく連れてきた。また、元信者だけで来ることもあった。全部で二〇人ほどは来ただろう。彼らは「私が統一教会をやめたように、あなたもやめるべきだ」と言う。彼らは口にはしないが、私が出られない状態であることは百も承知だろう。拉致監禁による脱会後のリハビリ、あるいは踏み絵として松永牧師から脱会説得の場に行くように言われ、来ている人もいるかもしれない。

ある日、私がトイレに入っていた際にちょうどノックの音がした。緊張しながらトイレから出ると、松永牧師と元信者らを玄関に迎えに行く父と鉢合わせた。父の手には玄関ドアを解錠するための鍵がしっかりと握られていた。唯一の脱出口である玄関もやはり施錠されていることがはっきりした瞬間だった。

このように来る日も来る日も、閉ざされた逃げ場のない空間で、聞きたくもない批判を強制的に聞かされる。新聞もテレビもない外部から遮断された監禁下で、情報をコントロールしながら人の心に土足で踏み込んでくるのが彼らのやり方なのだ。覚悟をして臨んだものの、想像以上の苦痛によって限界が近づいていた。

「耐え忍んで偽装脱会さえすれば、必ず脱出できる。天のお父様、どうか耐える力をお与え下さい」と、神に祈らざるを得なかった。

東京で働いている兄は、時々マンションにやって来て「今、何を考えている」「松永先生の話はどうだ」「原理にまだ確信があるのか」などと言った。脱会説得がどの程度進行しているか、見極めようとしていたのだ。兄とすれば、私を統一教会に引き入れてしまったという自責の念から必死だったのだろう。

一九九五年一二月末、拉致監禁から三カ月半経過した。顔を洗い髭を剃るとき、鏡に映る顔に疲れが募っていた。そろそろ信仰を失ったとしても不自然ではない頃合いだろう。

父を和室に呼んだ。

「いろいろ考えたんだけど、統一原理が間違ってることが分かった」と私は頭を下げ、精一杯感情を込める振りをして言った。

「今まで心配をかけてすみませんでした」

「そうか、分かった」

父は拍子抜けするほどあっさりと言った。

松永牧師がその日のうちにやって来た。

「徹君、間違いが分かったそうだね」

「はい、いろいろ考えた末に統一原理が真理ではないと結論を出しました」

「どんなところが真理でないと思ったの」

松永牧師は初めてやって来た日のような笑顔を見せ、真意を探ろうとしているらしく私の目を見つめてきた。私は松永牧師が気に入りそうな言葉を選びながら、脱会の理由を説明した。

「そうですか」

「これからどうしたらよいのでしょう。脱会届とか書いたほうがいいんでしょうか」

「慌てる必要はないですよ。それより、自分の頭をよく整理したらいい。今まで信じていたものが嘘と分かったんだから混乱しているでしょう」

「はい、そうします」

私が脱会を表明すると父、妹、兄嫁はさほど態度を変えなかったが、母の表情が明るくなった。こうした表情の変化を見ると、監禁から脱出するためとはいえ家族を騙したことが心の重荷になった。脱出に成功して、私が家族の元を離れ統一教会に戻ったら、母はどれほどのショックを受けるだろうか。

数日後、兄がやって来た。

「統一教会をやめることにしたんだってな」

声色に嬉しさがにじみ出ている。根が素直な兄らしい反応だった。

私は脱会届を書いて父に託した。さっそく外に出られる。

だが期待は松永牧師から宿題を出されて消え去った。「統一教会に入信してから脱会を決意するまでの手記を書きなさい」という指示は、本当に脱会しているか否か見極めるための踏み絵だった。

でたらめを書こうとしたが、どうにもうまく書けなかった。心にもないことを文章にするのがいかに難しく、いかに苦痛に満ちた作業か思い知らされた。そこで監禁されていた部屋に持ち込まれていた書籍『マインド・コントロールの恐怖』（スティーヴン・ハッサン著）と『マインド・コントロールとは何か』（西田公昭著）を作文の題材にしてみた。ちょうどこの時期、オウム真理教による地下鉄サリン事件が起きて「マインド・コントロール」という言葉が世を席巻し、それは統一教会を非難する概念としても使われていたので格好の題材に思えた。

私はいかに統一教会にマインド・コントロールされたか、いかなる経過でマインド・コントロールが解けるに至ったか、これらの本を元にレポート用紙一〇枚を埋めた。

外出の機会が先送りされた以外は、何もかもうまくいっているように思えたある日、また松永牧師や元信者がやって来た。

「徹、ちょっとおかしいと思わないか」と父が言った。

私は訳が分からず「何のこと」と尋ねると、父から静かに諭すように「松永先生が正座しているのに、なぜおまえだけ座椅子にあぐらなんだ」と指摘された。

私はすぐに座椅子を横にどけ、座布団の上に正座し直した。

「偉そうにしてすみません」

松永牧師は何も言わず微笑んでいた。

父は私の立ち居振る舞いの細部まで見ていたのだ。偽装脱会が見破られないように、会話だけでなく挙動まで神経を使わなければならないと肝に銘じた。

脱会宣言をした日から半年以上が過ぎた。

施錠装置は相変わらず窓を堅く閉ざし、私は新潟方面のどこかにあるマンションの六〇七号室に閉じ込められたままだった。

与えられる服はスウェットからセーターに変わり、秋から冬服の準備が必要な季節になった。そして髪が伸びるたび、妹や兄嫁に何度散髪されたことか。出歩く必要がないからどうでもよいと思われたのか、散髪用ではない文具の鋏《はさみ》で素人がやるからか、見られたものではない髪型になっていた。また偽装脱会をしてしばらくすると、父が待ちきれなかったように部屋にテレビを持ち込んだので、ある程度は世の中の情報が耳に目に届くようになった。だからといって安心できたわけではない。

「Bさんはどれほど心配していることだろう。私のことを必死で探しているに違いない」

そんな思いが私の心を締め付けた。

監禁されて一年ともなると孤立感が焦りとなって心をじりじり炙《あぶ》っていた。

「息苦しい。ちょっとでいいから外を散歩させてくれないか」と父に頼んでみたが、「まだ、それはできない」と断られた。荻窪栄光教会で監視に失敗した一九八七年一一月の出来事が、家族を頑なにしていたとしか思えなかった。

再び、セーターが薄手のスウェットに変わる春が巡ってきた。監禁から一年半経った一九九七年三月、しばらく体調が芳しくなかった父は、容態が急変して入院することになった。

この時、東京からやって来た兄が言った。

「お父さんは癌《がん》なんだ。末期であまり長く生きられないと医者から言われた。徹も心の準備をしておいてくれ」

私は「えっ」と言ったきり息を呑んだ。そして、人目もはばからず号泣した。

父の死、再び東京へ

監禁されて一年九カ月、父が入院して三カ月が経過していた。寝室にしている和室で聖書を読んでいると、妹がやって来た。

「お兄ちゃんが話したいことがあるんだって」

彼女は手のひらに収まる大きさのリモコンみたいなものを持っていた。これが今時の電話であるのは直感的に分かったが、うまく使える自信がなかった。

「もしもし」

「徹か。今日お父さんが亡くなった」

全身から力が抜けた。

「最期のお別れをするから、今からこっちに来ないか」

「こっちって、どこ」

「東京だよ」

「わかった」

どのように通話を切ったらよいのか分からず、そのまま携帯電話を妹に返した。

家族に従順であること。これが偽装脱会を疑われないための鉄則だった。だが同時に、東京へ移動するなら施錠されたマンションの外へ出られるので、隙をついて逃げられるかもしれないと考えた。考えた直後に、父の死を利用しようとしている自分が途方もない卑怯者に思えた。自己嫌悪だった。

「死人を葬ることは死人に任せておくがよい。あなたは、出て行って神の国を告げひろめなさい」

イエス・キリストの言葉が脳裏をよぎった。ルカによる福音書の中の一節で、父の葬式のために自分の家へ帰ろうとする弟子にイエスが語った言葉だ。気持ちを整理しようと深呼吸したが、ますます心が乱れてまとまりを失った。

「じゃあ、行こうか」

妹が私を促した。

心臓が激しく鼓動した。何もかもが、いつも突然決まる。

二年近く履かずにいた靴に足を入れ、兄嫁が開けた玄関ドアの外に三人の男が立っていた。松永牧師と訪ねてきたことのある二〇代の元信者と、兄嫁の実兄たちだった。

マンションを出ると、ずっと忘れていた外界の空気を感じた。促されるままに車道に待機していたワゴン車の最後部席に乗り込むと、拉致されたときと同じように逃走を阻むのに最適な中央座席に座らされた。運転席には見慣れた中年の元信者男性、助手席には兄嫁、二列目シートには兄嫁の二人の兄とやはり見慣れた元信者女性、三列目シートの私の右隣には妹、左隣は玄関前に待機していた二〇代の元信者男性が座った八人乗りのワゴン車は、満員状態で東京へ向かって走り出した。とても逃げられる状況ではなかった。

ワゴン車は、私が監禁されていたマンションからどんどん遠ざかっていた。そこが新潟市中央区にある「新潟パレスマンション」という一一階建てのマンションと知ったのは、六〇七号室に監禁された日から一三年後だった。教えてくれたのは捜査関係者だったが、刑事告訴しなければ私は何も知らないままだったろう。

ワゴン車が東京の実家に到着した。

家の前で待っていた兄と玄関に入ると母がいた。父の亡骸が安置されていたのは、拉致された日に家族で食事をした部屋と隣り合っている和室だった。

白い布団に横たわる父の胸の上に、邪霊を払うための短刀が「守り刀」として置かれていた。正座して間近から、表情が消えた父の顔を見つめた。その周囲を新潟から同じワゴン車に乗ってきた面々が取り囲んだ。私は彼らには構わず、父への愛着や反発や尊敬といった一言では言い表せない気持ちを、思い出とともに振り返った。私の心は未練より無念の思いでいっぱいだった。

「そろそろ行くか」

兄に促がされて立ち上がると、私は再び家族や元信者らに囲まれ、そのままワゴン車に乗せられた。

「もう新潟には戻らないから」

兄が言った。

てっきり六〇七号室に戻るものと思っていた私は、呆然となりながら「あ、そう」と答えるほかなかった。嫌だと言ったら、どうなる。黙れと口を塞がれるか、説教されるかのいずれかでしかない。

実家から三〇分ほどで、あっけなく目的地に着いた。すっかり夜がふけて真っ暗な道端に、原色に輝くネオンの光を纏《まと》うようにして若い女性が立っていた。この見たことのない女性が先導役となって、私は四方を家族らに囲まれたままマンションらしき建物のエントランスへ連れて行かれた。

六〇七号室発、実家経由、六〇五号室行き。東京としか所在地が分からない六〇五号室は、新潟のマンションと同様に冷蔵庫や洗濯機など最低限の家財道具があるだけだった。当然のようにテレビとラジオはなく、新聞も購読するはずがなかった。

ここでも玄関の内側にカーテンが下げられていて、室内に入ってしまうとドアの様子が分からなかった。玄関から入ってすぐリビングダイニングキッチンの居間や風呂とトイレがあった。居間の隣がサッシ戸とベランダがある六畳間だった。六階とあって窓やベランダからの脱出は不可能だ。

「徹はこの部屋を使ってくれ」

兄からあてがわれたのは、玄関から一番離れた奥まった位置にある六畳間だった。そして居間には必ず家族がいて、私を監視していた。

六〇五号室での生活は単調だった。朝になると兄は仕事に出かけて夕方帰宅する。母と妹と兄嫁はマンションにいて炊事や洗濯など家事をやる。テレビやラジオや新聞だけでなく、ここには本さえなかったので私は六畳間でぼんやりしているほかなかった。

父の葬儀が気がかりだった。いつ行うのだろうと思っていたら、兄に「おまえは来なくていい」と言われた。

葬儀が行われた日は母と兄だけが出かけて、私と妹と兄嫁がマンションに残された。父親の葬儀に長男と母親だけが参列して、他の子供たちと長男の嫁が居残りになるなんておかしい。そこまでして、私が逃亡しないように監視下に置きたかったのだ。

脱会宣言から一年半。監禁は一年九カ月にもなるのに、監視は相変わらず周到かつ厳重だ。しかも新潟のマンションに置いてきた財布や運転免許証のゆくえを兄に聞くと、「わからない」と誤魔化された。我が身ひとつだけで、どことも知れない場所に押し込まれている心細さといったらなかった。

こんな私の元に家族が持ってきたのは、父が使っていた一冊の聖書だった。私はこの機会に聖書を研究しようと思い立ち、兄に頼んでノートをもらい聖書の内容をひたすら書き写した。ただそれだけで二週、三週と時が過ぎていった。進展も改善もない膠着状態が延々と続く中で、私は何か行動に移さずには収まらなくなってきた。

できることと言ったら、脱出のヒント探しだけだった。

六階であることとサッシ戸の施錠が頑強なのは、新潟のマンションと変わりなかった。監視の隙をついて玄関ドアの手前に掛かっていたカーテンをめくり、玄関の様子を盗み見ると、ドアノブの傍《かたわ》らに数字を合わせるダイヤルロック式の鍵が取り付けてあった。これでは無理だ。私は頭を抱え途方に暮れた。

監禁の長期化は、監禁する側にも相当なストレスを生じさせていた。四六時中、私を監視しているので自由が制限される。場所と時間の制約を受けるだけでなく、強い緊張を強いられる。しかも法に触れることをしているのだから、後ろめたさがないと言ったら嘘になるだろう。

ある日、私が六畳間からトイレと風呂がある玄関側へ居間を歩いていると、兄が「向こうに行ってろ！　不愉快だ！」と苛《いら》立ちを隠さず怒鳴りつけた。私は、兄の言動に言いようのない恐怖を感じた。私が玄関に近づいただけで、兄に強いストレスがかかっていたのだ。兄夫婦は新婚時代を満喫する暇もなく監視生活を余儀なくされていたから、人生の貴重な時間が一日ずつ削り取られていく気がしていたのではないかと思う。

一九九七年一二月中頃、六〇五号室に監禁されて半年が過ぎていた。

夜がふけてから、妹が六畳間にやって来た。

「マンションを移るから」

先々の予定ではなく、今すぐ移動するというのだ。

私の持ち物は父の聖書を書き写したノートが三冊だけだった。ノートをまとめて手にして、母、兄、兄嫁、妹に先導されながら玄関を出た。久しぶりに履く靴の感触は新鮮だったが、玄関前に三人の男性が待機しているところまで新潟のマンションを出たときと同じで、心底うんざりさせられた。

エレベーターに乗ると脱走防止係の男が親しげに話しかけてきた。どこかで見たことがある顔と思ったら、兄の高校時代の友達だった。犯罪行為の秘密を共有するには、こうした人物を駆り出すほかないのだろう。

真冬とあって、半年ぶりの外の空気はひんやりしていた。

兄に促されて乗ったワゴン車が走り出した。今度はまた新潟か、それとも都内で移動かと考えていると目的地に到着した。あまりにあっけない移動距離で、おそらく一〇分もかかっていない。暗がりから明かりが灯ったマンションのエントランスに、いつものように大人数で囲まれながら連れて行かれエレベーターに乗せられた。最上階の八階でエレベーターから降ろされ、共有廊下を一番奥まで歩かされた所に八〇四号室があった。

今度のマンションは間取りが独特だった。玄関の先に三メートルほどの廊下。廊下の突き当たりのドアを開けると六畳の洋間があり、この右手に四畳半の洋間、キッチン、六畳の和室の順で部屋が連なっている。真上から見ると、L字型の間取りだ。玄関にもっとも近い六畳の洋間は、四畳半の洋間と天井から吊り下げられた厚手のアコーディオンカーテンで仕切られている。この

フラワーマンション804号室　間取り図

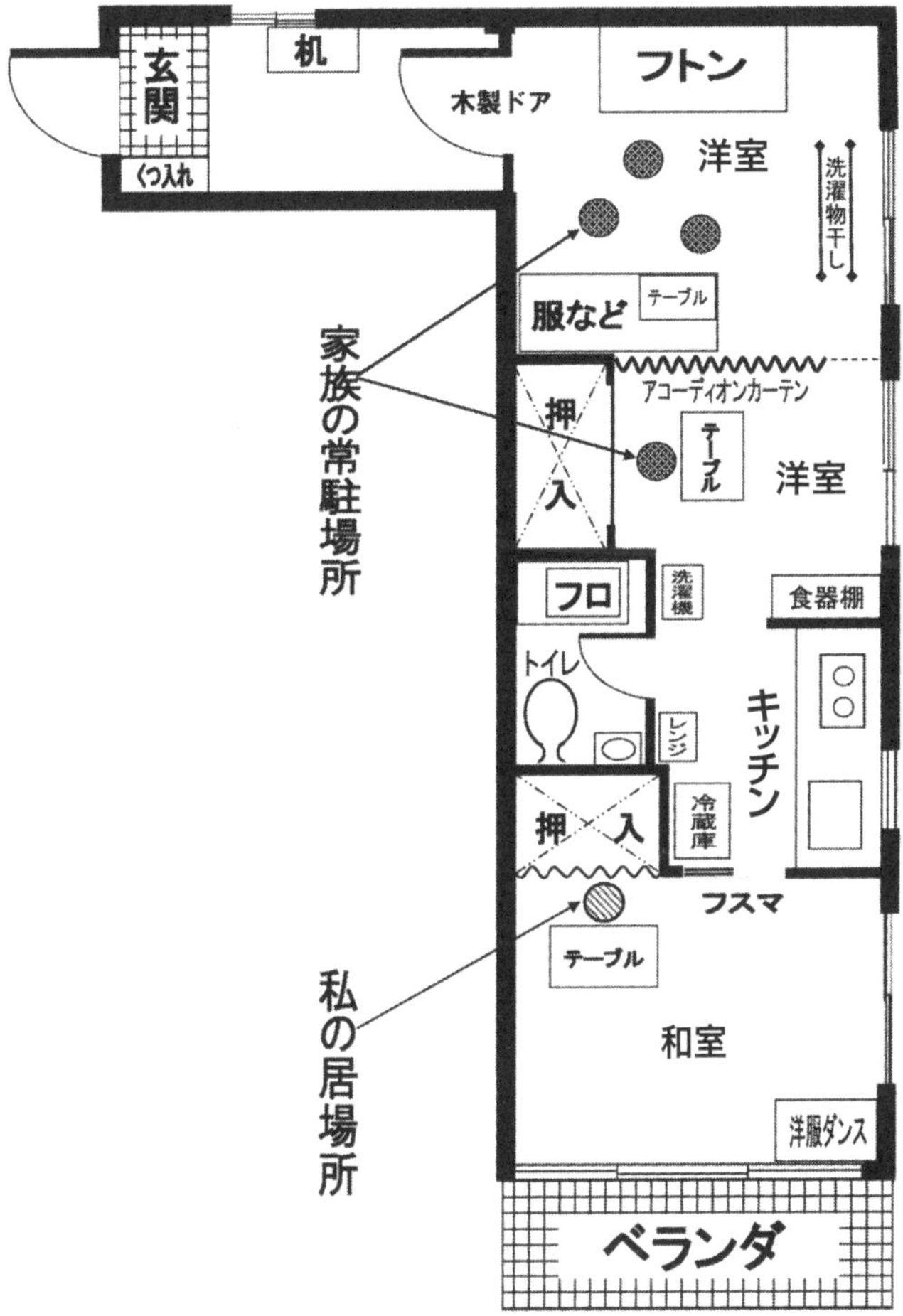

洋間の先にあるキッチンも四畳半ほどの広さで、洋間側から見て向かって左側の壁にガス台とシンク、向かって右側にトイレと洗面所が備え付けられた風呂場がある。そしてキッチンを抜けた先にある六畳の和室にいるように、私は兄から言われた。洞穴の最深部といった場所だ。

家族は部屋を整えるため慌ただしく動き回り、誰も私を監視していなかったので、トイレを使う振りをして玄関まで行ってみることにした。廊下に兄が立っていて、その先に鎖と南京錠で施錠されたドアが見えた。私に気付いた兄が、野良犬を追い払うようにシッシッと手の甲をこちらに見せて振った。

「犬じゃないぞ。俺は人間だ」

思わず、反抗的な言葉が口をついて出た。

奥の和室に戻ると、兄がやって来て「開けっ放しにしておけよ」とキッチンとの間仕切りになっている襖《ふすま》に手をかけた。私のことが気になって仕方がないのだろう。

襖を全開にしているので、キッチンが見える。冷蔵庫、炊飯器、洗濯機といった、最低限の家財道具があった。私の居場所にされた和室には、たんすと座卓があるだけだった。洞窟の行き止まりにあたる場所がベランダへ続くサッシ戸で、藍色のカーテンが引かれていた。どこにもテレビやラジオがないのは、いつものことだった。

ここがどこで、なぜ移動しなくてはならなかったのか、説明がないまま夜半前になり、私がいる和室に母と妹が布団を敷き始めた。他の部屋で寝るのではなかったのか、と思ったが黙っていた。

翌朝、母と妹は布団を押し入れに仕舞い、隣のキッチンで朝食の準備を始めていた。私は確かめないまま眠ってしまったので、窓を見てみようと思った。藍色のカーテンを開け、さらに障子を開けてみると、サッシ戸は格子状の針金が封入された曇りガラスで、霞模様のでこぼこを通してかろうじてベランダがぼやけて見えるだけだった。

ベランダは部屋の長辺側だが、短辺側にも縦一メートル横二メートルほどの窓がある。同じ針金が入った霞模様のガラスなので、ぼやけてしまい外の景色は見えなかった。なにより、どちらの窓もクレセントと呼ばれるサッシ戸のありふれた鍵ではなく、クレセントを開けるための鍵が必要な防犯ロックに取り替えられていた。

開け放った襖から、キッチン、四畳半の洋間、六畳の洋間と見通すと、この八〇四号室が監禁場所として選ばれた理由が分かった。

針金が入ったガラスと防犯ロック付きの開かない窓から外へ出るのが難しいだけでなく、八階から飛び降りるのは死を意味する。こうなると玄関から外へ出るほかない。だが私の監禁生活は、六畳の和室と風呂とトイレと洗面所を使うためのキッチンさえあれば完結する。そこから先へ私が足を踏み入れたら、非常事態ということだ。家族はキッチンにいても、四畳半の洋室にいても、玄関にもっとも近い六畳にいても、私の脱走を察知できるばかりか阻止できる。今もキッチンに母と妹がいて、その先の部屋に兄と兄嫁がいた。脱出を想定すると、キッチン、四畳半の洋間、六畳の洋間と廊下の先にある玄関が、遥か遠くに思われた。

一つ前の監禁場所として使われた六〇五号室は、なにかと心もとなかったのだろう。あの部屋は、兄に限らず家族らを苛立たせ、そのとばっちりを私が一人で受けるためだけにいたようなものだ。かたや八〇四号室は、六〇五号室はもとより新潟のマンションよりも監禁に打ってつけの間取りと言える。

実家で拉致されてから二年三カ月が経っていた。脱会の意思表明を行ってからもすでに二年を超えた。この間マンションを転々としながら、一度たりとも自由に外へ出られなかった。ますます逃げ出せる日が遠のいた気がした。

第三章——死んでたまるか

あの男との戦い

世の中は年末になっているはずだが、壁と天井と床がつくる代わり映えしない数メートル四方の世界は、師走の慌ただしさやにぎわいとは無縁だった。

私の精神状態は限界を迎えつつあった。本心を偽り脱会した振りを続けることが精神に相当な負担を強いた。さらに、監禁される直前に将来を誓い合ったBさんのことが私の心を締め付けた。彼女は今、どんな気持ちでどんな状況に立たされているのだろうか。

孤独と困難に立たされたとき、信仰者には一つの武器がある。

そう、「祈り」だ。

神にすがりつき、神と対話し、神から示唆を受ける。

これまでも深い祈りの中で何度も神から示唆と勇気をいただいた。

私は深刻に神に祈った。トイレで、風呂場で、夜中に布団を被って必死に祈り続けた。

神のみ意《こころ》はどこにあるのか。私はどうすればいいのか。

祈り始めて数日後、一つの示唆が与えられた。

「信仰を表明し、正々堂々と戦え！」

私は驚いた。自由を得るために二年間も偽装脱会をがんばってきたのに、信仰を表明すればそれが全部無駄になってしまう。また、いまさら信仰を表明すれば、その後、再び激しい棄教強要が始まることは目に見えている。正直「勘弁してほしい」と思った。

祈りの中で、旧約聖書の中の一節が浮かんだ。

「強く、また雄々しくあれ。あなたがどこへ行くにも、あなたの神、主が共におられるゆえ、恐れてはならない、おののいてはならない」

イスラエルの指導者モーセの後継者であるヨシュアに神が臨まれ、鼓舞激励されたこの聖句が心に響いた。

弱り果てていた私の心に勇気がみなぎってきた。

「わかりました、天のお父様、戦います！」

私は神に誓った。

神から答えを得たと確信した私は、すぐに行動に移した。

和室に兄を呼んで、座卓を挟んで向き合った。怪訝《けげん》そうな顔をしている兄の目を見つめ、玄関に近い部屋にいる母と妹と兄嫁にも聞こえるように大きな声で話した。

「実は、偽装脱会だったんだ。だから今も原理が真理だと思ってるし、文鮮明師がメシヤだと信じている」

兄の顔がみるみるうちに険しくなり、目つきが鋭くなった。私は右手の拳を握りしめて座卓に叩きつけた。

「こんな監禁なんてやり方をするあんたたちが悪いんだ。人を何だと思ってるんだ。ふざけるな！」

二年間も押し殺してきた鬱憤《うっぷん》を一気にぶちまけた。兄は一瞬たじろいだが、気を取り直して言った。

「そんなことだと思ってたよ。徹の態度が、なんか煮え切らなかったからな」

翌日から、家族による統一教会批判が再び始まった。

夕食が終わると、家族が和室にやって来る。兄が批判の口火を切る。私も黙っていない。批判に反論するだけでなく、彼らの監禁行為を徹底的に非難した。

ある時、激しい言い争いを打ち切って部屋から出ようとすると、兄が両手で組み付いてきて、逃れようとした私を足払いで倒した。私はあまりにもあっけなく横倒しにされ、身動きが全く取れなくなった。

「わかった、もう逃げないから放してくれ」

私の体から手を解いて立ち上がった兄が、鋭く睨みつけてきた。

思っていた以上に体力が落ちているのを知って愕然となった。新潟のマンションに監禁されてから二年三カ月間、歩くのはトイレや風呂場に行くときくらいのもので、一日中ほとんど座って過ごしてきた。このため足腰の衰えが顕著で、太ももとふくらはぎがかなり細くなっていた。筋力が衰えた足で一八二センチの身長を支えているのか。これはまずい。頑強に施錠されたドアを突破する以前の問題だった。神に誓いを立て勇んで信仰を表明した私だが、厳しい現実を突きつけられて希望が絶たれたように感じた。

自分がどこにいるのかさえ分からない不安が、精神を日々削り取っていく。だから、どうしても居場所について考えることになる。

ここは荻窪ではないか。

兄は統一教会を脱会後、宮村峻氏が経営する広告代理店に就職して、彼と統一教会信者の脱会説得活動を行っていた。宮村氏の活動拠点は、彼の自宅がある東京都杉並区荻窪。都内の実家から二カ所目のマンションまでの移動時間。そこから、このマンションまでの移動時間。これらを距離に換算しても、予想は間違いないものに思われた。しかも新潟での松永牧師による脱会説得に失敗した家族は、兄と妹を脱会させた実績のある宮村氏に再度説得を依頼したのではないか。

「いずれ宮村が出てくる」

あの男の小さな釣り上がった目や、タバコのヤニの臭いや、声音と口調が思い出されて憂鬱になった。逃げ場がない中、聞きたくもない統一教会や文鮮明師への批判を強制的に聞かされ続けた苦しい記憶がよみがえり、夢の中にまでも宮村氏が登場するようになり苦しめられた。

一九九八年。正月の三が日が過ぎた。

「徹、ちょっと話があるんだけど」

母が一人で和室にやって来た。

「宮村さん、統一教会のことにとても詳しいでしょ。それで、家族としては徹に宮村さんの話を聞いてほしいと思ってるの」

いよいよ来た。緊張が高まった。

私は、目の前で小さくなって話をする母の姿が、とても哀れに思えた。母は悪気があって監禁に加担しているのではなく、息子の幸せを思うがゆえだと私は分かっていた。アコーディオンカーテンの向こうの部屋で誰が伝えに行くか話し合い、母がよいだろうとなったに違いない。

祈りの中で与えられた「強く、また雄々しくあれ」という聖句が思い出された。

「わかった。いいよ」

母は部屋を出て行った。

「いよいよ戦いが始まります。どうか共にあってお守り下さい」

私は神に深刻に祈った。

この日の夕方、宮村氏は二人の女性の元信者を連れて和室にやって来た。

「おう、徹くん。久しぶりだね」

一〇年ぶりだろうか。少し老けたように見えるが、相変わらずがっしりした体つきがふてぶてしさを強調していた。座卓の真向かいに宮村氏が座り、半円形を描いて二人の元信者女性と家族四人が私を囲んだ。

「いきなり来ますね」

「いきなり来ないと、君たちは逃げるからなあ」

小馬鹿にするような言いぐさが健在だっただけでなく、喋るたびに強いヤニ臭さが鼻をつくのも変わりなかった。

「卑怯者！　あんたあの時、逃げたでしょ！」

部屋に入るなり宮村氏の斜め後ろにあぐらをかいてどっかと座り、ものすごい形相で突然喚き出したのは、中年の元信者女性だった。いきなり浴びせられた罵声から、この人が荻窪栄光教会に出入りしていた元信者で、提灯持ちのように宮村氏に付き添って脱会説得を手伝っているのを思い出した。彼女の言う「あの時」とは、荻窪栄光教会の礼拝中に私が逃げ出した一〇年前の出来事を指すのだろう。

いったい何年、同じ顔ぶれでやっているのか。

宮村氏は「まあまあ落ち着け」と女性をなだめて、「俺の話を聞きたいそうだな。俺から何の話を聞きたいんだ」と私に言った。

元信者女性の喚き声が消えた部屋は、しんと静まり返っていた。

「母から頼まれてね。ほんとうは話したくもないが仕方ないね」

私が言うと、宮村氏は母のほうを向いた。

「お母さん、徹君が脱会したように見えますか」

「いいえ、そうは見えません」

いつもの宮村氏のやり方だった。家族や元信者に同意を求めながら場の雰囲気を変え、主導権を握っていく。

「おまえは――」と私への呼びかけ方が変わり、「脱会した振りをしていたそうじゃないか。松永先生や家族を騙して心が傷まないのか」と宮村氏が言った。

私は問いかけには答えなかった。

「おいおい、だんまりかい」

宮村氏はタバコを取り出すと火をつけて深く吸い、わざとらしく煙を吐いてニヤリと笑った。

「俺が怖いか」

返事をする代わりに、私は宮村氏の目を真正面から見据えてやった。

「おまえ、もし原理がデタラメだったらどうするつもりだ。原理が嘘だったら、おまえがホームで教育した人たちの人生をめちゃくちゃにしたんだぞ」

宮村氏が言い終わると、さっきとは別の元信者女性が今にも泣き出しそうな顔で言葉を絞り出すように言った。

「あなたは大変なことをしたのよ。そのことが分かってるの」

この女性は私が統一教会を信仰したばかりのとき、同じ部署に所属していて、私がとてもお世話になった先輩だった。まさか、こんな所で再会するとは思いもよらなかった。

「何とか言いなさいよ。黙ってたってしょうがないでしょ！」

あぐらをかいた女性までが、さらに激昂して大声を上げた。

宮村氏と女性二人によって部屋が異様な雰囲気になり、母、兄、兄嫁、妹もその異様な空気に呑まれて表情がこわばっていた。

喚き散らす中年の元信者女性が、タバコをくわえるとライターで火をつけた。彼女は、あぐらをかいて背を丸めたまま顔を下に向け、口をすぼめるとふーっと細い管のような煙を吐いた。やくざ映画に出てくる姐さんみたいだった。これまたやくざのような宮村氏も途切れなくタバコを吸うので、部屋が隅々まで白く濁るほど煙った。

宮村氏は何本目かのタバコを灰皿に置くと、ゆっくり腕を組んだ。

「文鮮明が本物のメシヤで、原理がほんとうに真理なら、俺はこの場で腹を切ってやる。しかし、もし文鮮明が偽物で、原理がでたらめだったら、おまえは腹を切る覚悟があるか」

ますます、やくざじみてきた。これが宮村氏の監禁部屋での常套句なのは、脱会説得を受けた被害者から聞いていた。

宮村氏は脅しを口にし、二人の女性は一緒に激昂したり、泣き出しそうになったりしながら、言いたいことを言い終えるとタバコでアンモニア臭くなった部屋から帰って行った。

彼らを見送って戻ってきた兄が、「せっかく宮村さんが来てくれてんだから、ちゃんと話をしろよ。失礼だろ」と言った。こっちは監禁されているのだから、ちゃんと話す気になどなれるはずもない。しかし、兄は自分たちが人の自由を奪い、酷いことをしているという自覚がまったくないのだ。感覚が麻痺しているとしか思えなかった。

この日から宮村氏と元信者は夕食を終えるのを見計らって午後六時にやって来て、午後八時くらいまで二時間ほど脱会説得を行うようになった。宮村氏、家族、元信者が多いときには一二、三人も和室に集まって、私と対峙するのだ。四方八方から罵声が飛ぶ吊し上げは、リンチそのものだった。

彼らはまず、私を棄教させるため統一教会の教理から崩しにかかった。

「いったい原理のどこが真理なんだ。説明してみろ」

宮村氏の詰問に対し黙っていると、彼は「こんなものを信じ続けることができるのは、マインド・コントロールされている証拠だ」と吐き捨てるように言う。

教理についての議論は平行線をたどった。彼らは「脱会させること」が目的なので、端から教理を理解しようなどという考えは微塵もないのだ。

閉ざされた空間で一方的にネガティブな情報を浴びせ続け、知性を麻痺させながら混乱させ、同時に家族や元信者を使って感情に揺さぶりをかけるのが彼らの手法だった。だが、違法な監禁が二年以上も続いているのだから、こちらも耳を傾けたり議論をする気などなかった。

自ずと議論は決裂し、数で圧倒する吊るし上げの構図になる。

私は憤慨して「ここから出せ！　統一教会は人権侵害をしていると言うが、統一教会は人を監禁したりしないぞ！　人権侵害をしているのはあなたたちだ。信教の自由をなんだと思っているんだ！」と叫んだ。

すると宮村氏は、「偉そうなことを言うな。おまえに人権を主張する資格などない。それに俺はおまえを監禁なんかしてない。家族が保護しているんだ。出してもらいたければ家族に言え」と言う。

「監禁」を「保護」と言い換えるのは、彼ら脱会屋の常套句だ。このほか宮村氏は、「おまえは全然人の話を聞いていない」「頭を使え、自分の頭でよく考えろ」などと言い、いったい何度聞かされたか分からない。

私はそのたびに「聞いている」「自分で考えている」と反論したが、宮村氏は頑として受け入れない。結局、彼らの統一教会批判を受け入れなければ、聞いていることにも、自分の頭で考えていることにもならないのだ。

「バカ」「アホ」「悪魔」と罵られ、しまいには「自分の頭で考えられるようになるまではここから出られないぞ」「もし俺の子供が統一教会に入ってやめなければ、家に座敷牢を作って死ぬまで閉じ込めておく」と脅された。

いったい彼は、どんな人権感覚をしているのかと背筋が凍る思いだった。

さらに宮村氏は、ゴシップめいたセックススキャンダルを好んで持ち出してきた。

「これは、韓国で手に入れた統一教会の元幹部の証言だ。今から読んで聞かせるからよく聞いておけ」

宮村氏が読み上げたのは「血分け」と呼ばれるもので、「統一教会の初期には教祖と信者のセックスリレーが行われていた」というのだ。いずれも証拠と言えるようなものではなく怪しげな逸話ばかりだったが、宮村調の話術と表情芸が現実味を醸し出していた。

耳を塞ぎたくなるような、敬愛する文鮮明師を貶める内容に憤って私は言った。

「それじゃあ、統一教会に帰って自分で調べてみるから、ここから出して下さいよ」

「だめだ。統一教会はいつも嘘をつく。どうせ帰ったってほんとうのことは分からんよ」

宮村氏はうそぶくばかりで、監禁は解かれず聞きたくもないおぞましい情報を一方的に聞かされ続けた。後に、解放され教会に戻ってから「血分け」について確認すると、悪意に基づいた根も葉もない風聞にすぎないのが分かった。宮村氏が行う脱会説得は、一時が万事このようなものだったのだ。

さらに宮村氏は、父の死さえ脱会説得に利用した。父の死と、私が棄教しなかったことに因果関係があるのかは判然としない。しかし、新潟での説得中に父が癌で亡くなったのは過度なストレスも一因ではないかと、家族は考えていたようだ。

「おまえが父親を殺したんだ」「父親はおまえに殺されたんだ」「父親を殺しておいて、どうするつもりだ」

宮村氏の心ない言いっぷりに胸が痛んだ私は、「私が父を殺したというなら今すぐ警察に突き出せばいいだろう。さあ連れて行け！」と憤激して言ってやった。

宮村氏はオウム真理教の話もよくした。なかでも坂本堤弁護士一家殺害事件について、オウム真理教の信者がどのようにして一家を殺害したか生々しく具体的に話し、「おまえも、いっこんなことを仕出かすか分からない危険なカルトに入っているんだ」と言わんばかりだった。オウム真理教と統一教会はまったく無関係だ。しかし母は恐怖で下を向いたままで、何度もため息をついていた。オウム真理教を使った脅しで、「徹を、絶対に逃がすわけにはいかない」と家族が決意を固めたのは間違いなかった。

情報統制も徹底していた。私が宮村氏に「その言葉を調べたいので広辞苑を持ってきてほしい」と言うと「だめだ」と一蹴された。一方で、「どうせ暇だろ、これでも読んでみな」と宮村氏から北朝鮮脱北者の自伝を渡された。「おまえもこの著者のように早く目を覚ませ」とでも言いたかったのだろうか。このように、監禁現場には脱会屋に都合のよい情報だけが持ち込まれるのだった。

ある日、どこかで見た覚えがある男性が八〇四号室に現れた。東京の実家で拉致されたときに庭に潜んでいた男だ。彼も元信者で、しかも宮村氏の会社の社員だという。これは、宮村氏が初めから私の拉致監禁計画に深く関わっていたのを意味する。この元信者男性に限らず、次々に訪れる元信者たちは宮村氏から脱会説得を受けた人々だった。彼らは拉致監禁によって脱会した自分の体験を「正しいこと」と解釈し、「哀れな信者を救う」役目を務めているのである。

「悪徳商法評論家」としてよくテレビなどに出演している多田文明《ふみあき》氏も、この頃脱会説得のために数回訪れた元信者の一人であった。

宮村氏らが八〇四号室にやって来るたびにスイッチが入る家族の変貌ぶりに、私はいつまで経っても慣れることができなかった。さっきまで和やかと言えないものの揃って夕食を食べていたのに、突如として感情的になり私に罵声を浴びせかけてくるのだ。

ある時、宮村氏と元信者と兄が揃って私を責めたので、意に介さず涼しい顔をしてやり過ごした。そうこうしていると、部屋のどこかでギギギギギと鈍い金属的な音がした。気になって周囲を見回すと、兄が魔神のような形相で私を睨《みら》みつけて歯軋《はぎし》りをしていた。

すっくと立ち上がった兄が、「おまえのその態度はなんだ！　ほんとうなら、ぶん殴って半殺しにしてやるところだ！」と絶叫した。

豹変した兄に殺されると思った。

間髪入れず、妹が「こんな調子だったら、一生このままだから覚悟して！」と声を張り上げた。

こんな妹は見たことがなかった。兄の態度より、おとなしい妹の変貌ぶりが恐ろしかった。兄と妹は別の人格に体を乗っ取られているみたいで、私は戦慄した。これは宮村氏が連れてきた同じ部署にいた元信者の女性にも言えた。統一教会の信者だったときは優しく穏やかで声を荒げるような人ではなかったが、ここでは「いいかげんにしてよ」と怒鳴って、まだ熱い湯呑みの緑茶を私の顔面に浴びせかけてきたのだ。

宮村氏や元信者らは、あまりに理不尽だったが二時間ほどで帰って行く。かたや、家族はずっと私の目と鼻の先にいた。宮村氏や元信者が午後八時頃に帰ると、復習会と称して家族だけでさらに一時間ほど脱会説得を続けるのが常になっていた。

復習会で兄は、「おまえに統一教会をやめろと言っているのではない。ただ、家族としてはこれほど問題のある団体でおまえを活動させておくわけにはいかない。だから、いったんニュートラルになって自分の頭で考えてほしいんだ。統一教会にいてはじっくり考える暇もない。それでも統一教会が真理で正しいというなら、おまえには我々に説明する義務がある。あれだけ問題があるのだから当然だ」などと立て板に水のように捲《まく》し立てた。

このように言われたら、私も反論せざるを得ない。

「拉致監禁して閉じ込めておいて、ニュートラルになって考えろ、もないだろ。信教の自由は憲法で保障されているんだ。これこそ拉致監禁、強制棄教だ」

すると、兄が言った。

「これは拉致監禁ではない。緊急避難的保護だ」

馬鹿馬鹿しくなって席を立って部屋を出て行こうとすると、兄がすかさず掴みかかり激しいもみ合いの末に押さえ込まれた。

「ほら見ろ。外へ出さないように暴力を振るうじゃないか。これが監禁でなくて何だ。これが保護だと言い張るのは欺瞞《ぎまん》だ。たとえ家族であってもこんなやり方は拉致監禁だ。犯罪だ。私が訴えたら皆さんは犯罪人になりますよ。私は皆さんを犯罪人にしたくない。いい加減ここから出してくれ」

すると、兄は隣家へ響き渡るような大声で「じゃあ他に、どういう方法があるって言うんだよ。教えてくれ！」と叫んだかと思うと、「おまえ、ここまで言ってもまだ分からんのか、目を醒まさせてやる！」と言い出し、私の顔を平手打ちした。

復習会が終わって私が運動不足解消と気分転換のために軽く屈伸運動をしていると、兄嫁が部屋に入ってきたことがあった。

「こんな時によくそんなことしてられるわね！」

馬鹿にするような、迷惑そうな、吐き捨てるような言いっぷりだった。

さらに家族としてだけでなく、人として扱われなくなったのを思い知らされた象徴的な出来事があった。

体がだるくなって座っているのもつらくなり、風邪かと思い体温を計ってみると四〇度近い高熱があった。

兄は「インフルエンザじゃないか。流行っているから」と言った。

「まあ、小休止だな」

感染経路ははっきりしなかったが、家族か宮村氏が連れている元信者が八〇四号室にウイルスを持ち込んだのだろう。

そのまま寝込んで動けなくなると、宮村氏たちは感染を恐れて八〇四号室に来なくなった。たまたま病院通いをしていた家族が処方されたという薬を分けてもらったが、治療や介抱と呼べるものはこれだけだった。高熱に浮かされながら、よほど重篤な病状にならない限り病院には連れて行ってもらえないと覚悟した。

虫歯になっても、歯科医院での治療は許されないだろう。放置された虫歯の痛みを想像するだけで心が折れそうになった。このため、私は入念に何度も歯を磨くようになった。なんとしても、自分で自分の体を守り抜かなければならなかったのだ。

監禁生活は、自由を奪われる耐え難い苦痛と屈辱に満ちていた。その上で宮村氏は、尊い信仰対象をめちゃくちゃに踏み荒らす。しかも父親の死を、脱会説得の道具に使う。苦悩という言葉と文字では説明しきれないほど、苦しみが私にのしかかっていた。時には、あまりのつらさにもういっそのこと死んでしまいたいと思い詰め、寝床でとんでもないことを祈った。

「天のお父様、申し訳ありません。限界です。これ以上耐えられません。明日は目が覚めないまま私を霊界に連れて行って下さい」

このままでは精神が破綻し、信仰が破壊される恐怖に苛まれる中、私の心を守ってくれたのは祈りとみ言だった。

一回目の監禁の後、再び拉致監禁される恐怖に怯えながら私は神に祈り、「絶対に信仰を失わない自分をつくる」ために準備してきた。その一つが、迫害に関する文鮮明師のみ言を暗唱することだった。

例えば、次のようなみ言である。

「歴史上から見て、善人たちは常に打たれてきました。聖人たちも常に打たれてきました。ただそれだけを見ると、彼らはみな負けたような姿でありました。しかし、彼らは決して負けたのではありません。彼らは必ず最後の勝利を勝ち取るようになっているのです。これが天の戦法です。イエス様もそのような戦法を取られたのです。それゆえに、我々の歩む道は決して平坦ではありません。苦痛と受難があふれている道を我々は歩いていくのです。平坦な道を歩もうとする者、そういう人は、天に対しては反逆者であると考えて間違いありません」

苦境に立たされ、孤独の絶頂の中で、み言を唱え、必死に祈った。すると、ズタズタにされた心の傷が癒やされていった。さらに再び立ち上がり、立ち向かう力が与えられた。

宮村氏らが脱会説得に来るようになって三カ月。宮村氏、元信者、家族たちと対峙すると、彼らの表情が徐々に変化しているのが分かった。それればかりか、毎日やって来た宮村氏や元信者たちの訪問頻度が明らかに減った。家族は、宮村氏が乗り出して来れば「さすがの徹も落ちる（信仰を失う）のは時間の問題」と思っていたのではないか。しかし、ありとあらゆるスキャンダルを持ち出して教団の悪口を浴びせかけても、一向に信仰を棄てない。とうとう弾切れとなって、彼らのほうが疲れてしまったようだ。

ある時、兄が「おまえはまるでブラック・ホールだな。おまえと話してると、こっちの精気が吸い取られる」と言った。私は神が守って下さったと信じている。

一九九八年九月を過ぎると、この年の正月から七三回も八〇四号室にやって来た宮村氏がぱたりと姿を見せなくなった。

繰り返された乱闘の末に

潮が引くように宮村氏と元信者たちが八〇四号室に来なくなると、家族からも覇気が消えた。頼みの綱だった宮村氏をもってしても脱会させることができなかったとあって、かなり堪えたようだ。

だからといって監禁をやめる気配はなかった。

相変わらず窓は厳重に閉ざされたままで、家族の表情は険しさが増していた。あれだけ強い調子で狂気じみた言葉を捲し立てていた人たちが、宮村氏が来なくなっただけで脱会説得を諦めるとはとても思えない。家族は次なる手を考えているに違いないと、私は疑った。

季節は秋から冬へ移り変わり、一九九九年を迎えた。

家族から言葉をかけられる機会が減っただけでなく、私も話すことがなくなり原理講論や聖書を一日中読んで過ごした。身の回りにある活字はこれだけで、テレビもラジオもないので電波が届ける情報はひとつも入ってこない。しかも外を出歩く機会がないので、世情の変化が分かるはずもなかった。

私が知っているのは一九九五年九月までの日本と世界だった。その後は三つの部屋と、家族と、脱会説得を受けた記憶しかなかった。阪神淡路大震災や地下鉄サリン事件や不良債権問題で世の中が騒然となった後、いったいどうなったのか。婚約者のBさんはどうしているのか。あの頃、中学生だった人たちは高校生に、大学生は社会人になるほどの月日が流れたのだから世の中は様変わりしているはずだ。

五月になった。八〇四号室に差し込む光が力強さを増していた。前触れもなく兄が小さなテレビを和室に持ってきて、置き場所を決め電源コードをコンセントに挿し、スイッチを入れて番組が映るのを確かめると黙ったまま部屋を出ていった。

私を脱会させるために使うのだろうか。隠しカメラやマイクが仕掛けられているかもしれないと疑い、テレビに近づいてみた。ブラウン管は縦幅が二〇センチくらいしかない一四インチ。ビデオテープを再生したり録画できるビデオデッキ内蔵型。持ち上げて底板の側も見てみたが、カメラやマイクらしきものはなかった。

兄はテレビを見るなとは言わなかった。だがスイッチを入れチャンネルを合わせる気になれなかったのは、隠しカメラやマイクへの疑いを除いても、私をテレビ漬けにして監禁部屋で飼い慣らそうとする意図を感じたからだ。

食事の時間に和室へやって来る家族が、テレビを点け番組を見るようになった。決まったチャンネルに合わせず、その日、その時ごとに様々な番組を見ていた。しかし、高笑いが轟《とどろ》く民放のバラエティー番組や、軽快な音楽や効果音や色彩があふれるコマーシャルは、誰も口を開かない重苦しく緊張した空気の中、家族で見られる代物ではなかった。

ついにテレビはNHK専用になり、食事が終わるとすぐ家族の誰かがスイッチを切り、揃って部屋を出て行くようになった。たぶん彼らも息を抜きたくて持ち込んだテレビなのだろうが、監禁部屋に同居しながら番組を見ても違和感が強すぎて逆効果だったのだろう。食事の時間以外に家族の誰かがテレビを見ることはなく、暗い色をしたブラウン管に和室の様子が映り込んでいる時間のほうが圧倒的に長かった。

一九九九年一二月。八〇四号室に移動させられて二年、監禁生活は四年三カ月になっていた。

膠着状態と呼べるような期間はとうに過ぎ、蛇の生殺しではないかとさえ感じる。日々味わい続けた苛立ちが四年三カ月も積もっているのに、解放される目処が立たないのだからたまったものではない。

いったい何度、脱出を夢想しただろうか。

和室からキッチンを見て、考えるのは「今、逃げられるか」だった。逃げられそうもないときは、いつなら逃げられるのかを考えた。

突き当たりの洋間はアコーディオンカーテンで閉ざされ、誰がいるか分からなかった。

兄が仕事に行っているなら。さらに、兄嫁が外出しているなら。母と妹しかいないなら。私は想像の中で母と妹の防御線を突破して廊下まで辿り着いた。そこには鎖と南京錠で施錠されたドアがある。妹が携帯電話で兄に連絡を入れる。玄関で足止めされている間に、連絡を受けた兄をはじめ宮村氏や元信者が集結する。

無駄と分かっていても、何か考えている間は無為に過ごすよりましに思えた。

「どうにもならないが、どうすればよいのか」

この時期の私は、一日が終わりに近づいて陽が沈んで部屋が暗くなるのさえ、人生の貴重な時間が刻々と失われていくのを象徴しているみたいで耐え難くなっていた。

毎日、夕方になるとどこからともなく微《かす》かに童謡『夕焼け小焼け』が聞こえてきた。子供たちに帰宅を促すため杉並区の防災無線スピーカーが流しているものだったが、そのわずか一分ほどの懐かしいメロディに私は慰められたのだった。

失われていく時間を少しでも取り戻すため、世の中が今どうなっているか知りたかった。目の前にあるテレビから一方的に流れ出てくる情報ではなく、世界と日本の情勢を自分の力で、都市や山脈や密林に分け入るようにして調べたかった。

せめて図書館へ行きたいが、無理に決まっている。本を買ってきてもらおうと思ったが、拒否されたときを思うと頼む勇気がなかった。今この願いを退けられるのは生きる望みを打ち砕かれるのに等しく、極限状態にある精神を正常に保てる自信がなかったのだ。

しかし、一九九九年が残り少なくなっていた。こうしている間にも、私の時間は確実に失われている。いよいよ二〇〇〇年代が明けようとする一九九九年一二月末、私はキッチンまで行って洋間へ向かって声をかけた。

「兄貴。話があるんだ」

私から家族に声をかけるのは、偽装脱会を明かして以来だった。

「どうした」

兄が怪訝そうに和室に入ってきたので、座ってもらった。

「『現代用語の基礎知識』がほしいんだ」

新しい出来事と、出来事とともに生まれた言葉を、とにかく知りたかった。この願望を思い切って口にすると緊張して、心臓が爆発しそうなほど鼓動した。

「駄目だ」

にべもなく拒否された。兄の声が耳に届いた瞬間、私の中で何かがプツンと音を立てて切れた。

「なんで駄目なんだよ！」

こんな大声を出したのは久しぶりだった。

「そんなものは必要ない」

激しい言い争いになった。

「いったい、いつまで監禁しているつもりなんだ」

私は感情を抑えられなくなり、「畜生。出てやる。ここから飛び降りてやる」と窓へ突進した。

窓が施錠されていて開かないのを、興奮のあまり忘れていた。私がサッシ戸の手前にある障子の桟に手をかけたとき、ものすごい勢いで後ろへ引っ張られた。兄が服の背を掴んで引き寄せたのだ。咄嗟に握った障子の桟が、乾いた音を立てて折れた。仰向けに倒れた私は、のしかかってきた兄に押さえつけられ身動きが取れなくなった。

二年前、兄に横倒しにされて太ももとふくらはぎがかなり細くなっているのに気付いたが、あの時からさらに筋力が落ちたのを身に染みて感じた。これでは勝ち目がない。

「もう、騒がないから」

兄は私から手を離して立ち上がると部屋を出て行った。

この夜は憤りが収まらず気が高ぶって眠れなかった。

兄は私の行動に動揺した様子で警戒を強め、このような緊張を孕《はら》んだまま新年を迎えた。

和室に姿を見せた兄が、『二〇〇〇年版　現代用語の基礎知識』を置いて行った。前年一一月に発売された最新版だった。しばらくすると、今度は『産経新聞』を持ってきた。

この日から毎日午前一〇時から一一時の間に、家族の誰かが産経新聞を和室に届けてくれるようになった。

あれほど強硬な態度を貫いていた家族に要求を受け入れられ、夢ではないかと信じられない気持ちだった。監禁が長期化する中、私の強硬な言動に強い危機感を抱いて、やむなく制限を緩めることにしたのだろう。

経緯はどうあれ、私は世の中の「今」を手に入れたのだった。

情報から隔絶されていた年月を取り戻すため、私は現代用語の基礎知識と産経新聞を一心不乱に読み、世の中の動向が分からないため掻《か》き立てられていた不安を鎮めようとした。

さらに一年が経った。二〇〇一年一月。二一世紀の到来を家族が見ているテレビも、私が読んでいる新聞も大々的に報じた。

この間、現代用語の基礎知識と産経新聞を読むだけでなく、気になる部分をノートに書き写してきた。ところが世の中の動向と新しい情報を知れば知るほど、不安が増したのだった。

三一歳で拉致監禁されてから五年四カ月が過ぎていた。二〇世紀が終わり、私は三七歳になった。社会経験や仕事のスキルを身につけるべき三〇代が、終盤へと向かっている。人生で二度とない貴重な時期が過ぎ去っていく。働き盛りなのに空しく時間が過ぎ、監禁部屋に隔離されたまま世の中から取り残されていく。世の中の今が、私を急き立てていた。

このままでは駄目だ。行動しなければ、一生このままかもしれない。居ても立っても居られない気持ちになっていた。

私は自由奪還のため一か八かの実力行使を敢行すると決意した。

脱出するなら、玄関から出るしかない。和室からキッチンを経て玄関までわずか一〇メートル。だが、私にとっては遥か彼方の一〇メートルだった。家族は玄関にもっとも近い六畳の洋間に物音を立てずにいることが多い上、アコーディオンカーテンの向こう側で何をしているのか分からない。いずれにしろ最後の洋間を通過しなくては玄関に出られないのだから、突進するほかないのだった。

問題は、ここからだ。統一教会から失踪してすでに五年以上経過していた。脱出に成功しても、身を寄せる先が見つけられそうもない。財布を奪われていたので、現金を持っていない。下着を持って行こうと思った。なぜなら、私が持ち出せるものは下着くらいしかなかったのだ。

和室の、私の居場所の後ろに押し入れがあった。この中に、リンゴ箱くらいの段ボール箱が仕舞い込まれていた。この箱に下着を入れて持ち出そうと考えたが、あまりにも大きすぎる。そこで箱を切って手頃な大きさに工作することにした。

兄にガムテープがほしいと頼んだ。

「何に使うんだ」

「段ボール箱が壊れたから直したい」

腑に落ちない顔をしながら、兄はロールから五〇センチほどテープを引き出して切ると、押し入れの横にある柱に貼り付けた。

「これでいいだろう」

何を警戒してか、兄はガムテープのロールごと渡そうとしない。

「もう少し」

兄は不機嫌そうに、ロールからまた同じくらいの長さのテープを取って柱に貼った。

「これだけだぞ」

押し入れは、キッチン側から見えにくい場所にあった。

鋏がないので手で段ボール箱を切り裂いて、さらに不要な部分を破って取り除き、ガムテープを使って小振りな箱を組み立てた。この箱にパンツとシャツを入れると、まだ何か入れられそうだった。隙間に現代用語の基礎知識と産経新聞から気になる部分を書き写したノートを入れた。重すぎないか重量に気を配りながら、残りのガムテープで箱の蓋を閉じ、見つからないように押し入れに隠した。

いつ決行すべきか。兄が会社へ出勤して数時間後の午前中がよいように思えた。

二月になった。いよいよ心に決めていた決行日の朝を迎えた。

午前八時、いつも通り家族で朝食をとった。午前一〇時、隠しておいた段ボール箱を押し入れから出すと両手で抱えた。意を決して和室を出て、キッチンへ足を踏み入れた。キッチンの先にある洋間に母が座っている。小走りに母の傍らを走り抜けて、アコーディオンカーテンを開けて六畳の洋間に入ると妹がいた。

「どうしたの」

妹が驚いて、こちらを見た。構わず一気に部屋を通りぬけ、玄関へ通じる木製のドアを開けて廊下へ躍り出た。

そこに兄の姿があった。

兄は玄関の手前のスペースにいたが、このまま私は突進した。狭い廊下で私は兄に行く手を阻まれ、一気に六畳の洋間まで押し戻された。その次の瞬間、私は床に倒され押さえつけられていた。以前取っ組み合ったときと同じ体勢にされたが、これくらいの暴力に負けて終わらせるつもりはなかった。

「ここから出せー！　監禁をやめろー！」

声の限り叫んだ。

鬼のような形相で私を押さえつけていた兄が、「おい」と妹に目配せした。すると妹はアコーディオンカーテンの向こう側へ回った。

「もしもし。はい、はい」

携帯電話だろう。妹が誰かに連絡している声が聞こえた。

私は床に押さえつけられたまま抵抗していたが、まったく身動きが取れなかった。一〇分くらい経っただろうか、宮村氏が現れた。

「何をやってる。騒ぐな」

宮村氏は怒鳴り声を上げると、私が兄に拘束されて何もできないと見て八〇四号室から立ち去った。しばらく押さえつけられたままだったが、兄も疲れ果てたらしく私の体から手を離した。

私は段ボール箱を持って和室に戻った。

出勤したとばかり思っていた兄が、廊下にいた理由は分からない。だが兄と妹が訓練されたように迷いもなく素早く連携できたのは、こんな時のために宮村氏と打ち合わせをしていたからだろう。宮村氏が姿を見せなくなって久しかったが、家族への影響力が残っているどころか、未だに宮村氏の指示を受け、彼の配下として動いているのは間違いなかった。

脱出には失敗したが、自由を奪われた五年五カ月間の怒りと鬱屈《うっくつ》は消えるどころか燃え盛り、もう後には引けなくなっていた。

「やれるだけやってみよう」

私は腹を固めた。無謀なのは分かっている。しかし、自由を奪い返したいと渇望する気持ちを抑えられるはずがなかった。

できることは、玄関への突進だけだった。そして、助けを求めて力一杯叫ぶ。繰り返し叫べば、声を聞いて異常を察知した誰かが警察に通報してくれるかもしれない。ただし私は、どんなことがあっても暴力を振るわないと決めていた。間違っても殴ったり蹴ったりして家族に傷を負わせてはならないと、自分自身に誓った。

この時期、兄嫁は体調を崩して八〇四号室にいなかったため、私は兄や母や妹と戦うことになった。

私は、一日に何度となく玄関に向い、家族に押さえ込まれると、大声で叫んだ。

「出せー！」「助けてくれー！」「警察を呼べー！」

和室とキッチンを仕切る襖を開け放しておくように兄から指示されていたが、「これじゃあプライバシーも何もないだろ」と叫んで勢いよく閉めてやった。しばらくすると兄がやって来て襖を開けたので、目の前で「ふざけるな」とさっき以上の勢いで閉め直した。兄は再び襖を開けることなく、洋間のほうへ戻って行った。

夜になって母と妹が和室で寝ようとしていたので、私は押し入れに仕舞われている母と妹の布団を抱えてキッチンを通り抜け、四畳半の洋間に投げつけた。

「今日からは一人で寝る」と大声を上げ、「食事も一人で食べる。こっちに来ないでくれ」と言い放った。

突然の実力行使に対し、母と兄と妹は意外なほど冷静に見えた。おそらく、このような事態は想定済みだったのだろう。

私は、「統一教会は人権侵害をしているというが、あんたらのやっていることのほうが人権侵害じゃないか。統一教会はこんな風に人を監禁したりしないぞ!」「これは拷問だ! 現代の魔女狩りだ!」「いったい何回、俺から選挙権を奪ったと思っているんだ!」などと心の中に押し込んできた思いをぶちまけた。「あんたらのやっている蛮行は、必ず白日の下にさらしてやる!」「弁護士を立てて訴えてやる。そっちこそ犯罪者になるぞ!」とも言ってやった。

通常の関係なら、家族に向かって口にする言葉ではない。だが、八〇四号室にいるのは親兄妹であると同時に監禁を行う犯罪者だった。年老いた母を責めるのは心が痛んだものの、心を鬼にして厳しい言葉を投げかけた。私はなんとしても自由になりたかったし、外へ出たかった。

こうして私が再三にわたって脱出を試みるようになると、兄は出勤しなくなり常時私に張り付いて監視するようになった。

だからといって諦められるはずもなく、私は隙を見つけては玄関に向かって突進した。そのたびに家族らに取り押さえられたが、私は力の限り近所中に聞こえるほどの大声で、「出せー!」「助けてくれー!」「警察を呼べー!」と繰り返し叫んだ。すると彼らは私の顔に布団をかぶせて声が漏れないように押しつけてきた。みるみる呼吸ができなくなった。窒息への恐怖で頭がいっぱいになる。肺に残っているありったけの息を使って、「息ができない。死ぬ!」と叫んだ。すると布団を押しつけていた力が抜け、私はなんとか窒息を免れた。

監禁されて五年余りも、運動をする機会がほとんどなかったので全身の筋力が落ちていた。兄と揉み合いになると簡単に羽交い締めにされてしまうだけでなく、小柄な妹と母にさえ押さえつけられると動けなかった。妹と母は物の怪《け》に取り憑《つ》かれたように半狂乱となって怪力を振るったのだ。このような三人に、私はまったく歯が立たなかった。

肉弾戦は熾烈を極めた。

上着はぼろ布のように破け、体中に青黒い痣《あざ》ができた。なかでも顔や手は、家族が爪で引っ掻いたり食い込んだりしたので血まみれになった。

　私が和室から玄関に向け突進すると、四畳半の洋室で阻止されてしまうことが多かった。取っ組み合いで出血すると、私は和室に戻りタオルで流血を拭いて、呼吸を整え再び玄関めがけて突き進む。この繰り返しだった。

　突進と防御が度を越した日は、体中が猛烈に痛み、なかなか寝付けないまま朝を迎えることもあった。青黒い痣が凄まじいまでに全身に広がったので、風呂に入るため服を脱いだとき兄に見せつけてやった。

「見ろよ。ひどいじゃないか」

「俺もそうだ」

　兄はぽつりと言った。

　家族の中でもっとも力強く私を押さえつける兄が、もっともダメージを受けて当然なのかもしれない。それなら監禁なんてやめてしまえばよいではないか。兄だけでなく母と妹の、私を絶対に外へ出すまいとする狂気じみた執念が、彼らを後戻りできなくしているとしか思えなかった。

　ある時、取っ組み合いをしていると右手に激痛が走った。見ると、薬指が変な方向に曲がっている。痛みは二、三カ月間続き、監禁下で怪我が放置されたため、薬指は曲がったままになってしまった。

壊れたのは、私の薬指だけではなかった。

四畳半の洋間と六畳の洋間を仕切っていたアコーディオンカーテンに私がしがみつき、家族らが引き剥がそうと引っ張るため、ついに厚手の布が破れてしまった。キッチンでもみ合いになったときは、流し台の上にあるアルミ製の棚が曲がってしまった。

これでも戦いは終わらなかった。後日、風呂に入っていると、どこからか小さな話し声が聞こえてきた。耳を澄ましてみた。どうも下の階にいる住人の会話が、配管を伝って浴槽の壁の上部にあった「換気口」を通って聞こえてくるようだった。

この「換気口」に口を当てて思いっきり叫べば、同じように他の部屋に声が届くかもしれない。湯から上がり、服を着てから風呂場に戻った。浴槽の縁に上がって、壁の上部にある単行本を二冊合わせたくらいの大きさの「換気口」に口を近づけて思いきり何度も叫んだ。

「誰かー！　聞いてますかー！　ここに監禁されてまーす！　警察を呼んで下さーい！」

突然、何者かに後ろから服を掴まれてものすごい力でタイルの床に引きずり下ろされた。宮村氏だった。私は襟首を掴まれたまま風呂場から引きずり出された。手に触れたものを片っ端から掴んで抵抗したが、掴んだ物ともども引きずられた。私より背丈は低いものの体格がよい宮村氏の力は、想像以上に強かった。引きずられながら、私はまた別の物を掴んだ。キッチンの電化製品が、なぎ倒されて床に落ち凄まじい音を立てた。抵抗も虚しく床を引きずられるまま、ついに和室まで引き戻された。

私は高ぶった感情のままに両手の握り拳で座卓を叩きながら宮村氏に言った。

「ふざけるな！　いい加減、ここから出せ！」

宮村氏は「こいつは駄目だな」と言い残して、部屋を出て行った。

その後も一カ月余り、持てる力の限りを尽くして脱出を試みた。しかし八〇四号室から一歩も外に出ることができず、誰も助けにきてはくれなかった。兄はキッチンの先にある四畳半に陣取って私を監視するようになり、玄関と六畳の洋間の間にある木製のドアまで厳重に施錠されるようになった。

こうした脱出を固く阻む現実ばかりか、五年五カ月におよぶ監禁生活で筋力の低下が想像以上に進んでいるのを、兄、妹、母との揉み合いによって痛いほど思い知らされた。もちろん神に祈り誓って戦いに臨んだが、突きつけられた現実に祈る気力さえも失われていった。この現実を受け止めることがあまりにもつらく、また耐え難く、ついに自分を失い、発狂するのではないかという恐怖に慄《おのの》いた。私は抗議する気力さえ失い、力づくでの脱出を断念した。

そして和室とキッチンを仕切る襖を閉め切って、見たくもない家族の姿を見なくて済むように、会話を交わさなくて済むように暮らした。これが乱闘の末の、結末だった。

四〇歳からのハンガーストライキ

良心の呵責《かしゃく》からだろうか。これ以上、騒がれたくないと思ったからか。家族が新品のビデオテープ、イヤホン、卓上電気スタンドを持ってきた。読みたいと思っていた本を求めると、これらも持ってきた。最初に差し入れられたのは、サミュエル・ハンチントンの『文明の衝突』だった。私は拉致監禁され、いつ解放されるとも分からない日々の受け入れ難い現実から意識をそらすため、兄が持ってくる本を貪《むさぼ》るように読んだ。また部屋の襖を閉められるようになり、イヤホンも手に入ったのでテレビを見始め、気になる番組をビデオテープに録画した。

本を読み、テレビ番組を見て、耐え難い現実を一時的に忘れたが、だからといって鬱屈が晴れたわけではなかった。むしろ鬱屈によって、ぼうっとして過ごすことも多くなった。監禁されていなければ、今頃は婚約者と家庭を築いて、子供にも恵まれて、ささやかながらも幸せな生活を営んでいただろうと思うと、悔しさと虚しさで胸がいっぱいになった。

極限状態に追い込まれているのを自覚した私は、精神を正常に保つためだけでなく、無為に過ごす時間をなくし有意義なことをしたいと強く思い、原理講論の内容を図解入りでまとめてノートに記しながら講義の練習をした。そして、講義ノートが一冊、二冊と増えていくのを見て、無駄に時間を過ごしてはいないと自分に言い聞かせた。

二〇〇三年一一月、「荻窪三丁目の皆様、石原伸晃《のぶてる》でございます」と連呼するウグイス嬢の声が和室にいた私の耳にかすかに届いた。監禁場所が八〇四号室に変わって約六年間、ずっと知りたかった居場所が判明した瞬間だった。

第四三回衆議院議員総選挙が行われると報道されていた。ここが荻窪三丁目とようやく分かっただけでなく、実家で拉致されてから八年間も選挙権を行使できなかったことが悔しく恨めしかった。私の住民票に記された住所に、いったい何通の投票所入場券が届き、これから届くことだろうか。

力づくでの脱出は断念していたが、「投げ文」を思いついたのはこの頃だった。

「私は後藤徹です。私はこのマンションの高層階に監禁されています。この紙を拾った方は統一教会に連絡して下さい。謝礼をさしあげます」

ノートのページを破ってボールペンで書いた。

いざ投げ文を地上へ落とそうとすると簡単ではなかった。針金が入ったガラス窓は、そう簡単には割れない。うまく落とせたとしても、家族や宮村氏にばれたらどんな仕打ちを受けるか分からない。メッセージを書いた紙片は、迷った末に細かく破ってトイレに流して捨てるほかなかった。

実力行使から三年、拉致監禁されてからすでに八年が経過して九年目を迎える二〇〇四年。私は四〇歳になった。

この三年間はトイレと洗面所と風呂場に入る以外には襖を閉め切り、ほとんど六畳の部屋で過ごした。食事は母や妹が作ったものを一人で食べ、夜も一人で寝た。散髪も、鋏を借りて自分で髪を切るようになった。エアコンを使うと「おまえにそんな資格があるのか」と家族からの無言の圧力を感じるようになったので、冬場は重ね着をして乗り切った。読みたい本があると、兄に頼んで持ってきてもらった。『善の研究』『共産党宣言』『空想より科学へ』『プロテスタンティズムの倫理と資本主義の精神』『戦争論』『国民の歴史』『国民の道徳』『ツァラトゥストラはこう言った』『代表的日本人』『武士道』『基督教全史』など、差し入れてもらい読んだ本は五、六〇冊になった。また、『原理講論』だけではなく、統一教会の代表的な教理解説書の『統一思想要綱』や『共産主義の終焉』もノートに図入りでまとめ、こうしたノートは一〇〇冊にもなった。

「天のお父様、私はどうすればよいのでしょう」

かつては祈りに手応えがあったが、神に祈っても明確な回答は得られなくなった。このままここで人生を終えるのが神のみ意なのかとも考えた。統一教会で教えられ、私が信じる神は、すべての願いをことごとく成し遂げて下さる神ではなかった。神は全知全能の創造主であるが人間として最大限の努力を尽くさなければ神も助けることができない。

この環境で私に何ができるというのか。祈りながら考えた。

病気にならないように、部屋の中で簡単な運動はしていたが体力の衰えは顕著だった。懸命に歯を磨いたおかげで、虫歯にならなかったことだけが幸いだった。

体力がなくともできる抗議行動はないものか。

ハンガーストライキで監禁に抗議するほかない。

年齢が四〇の大台に乗って半ば諦観の境地に入っていた私は、こんなことを考えた。

私は刹那的で厭世的な気分を抱えていた学生時代に、精神修養を目的に断食をしたことがあった。統一教会に入信してからも宗教的な目的で断食をした。どちらも、水だけで過ごす一週間の断食だったが、たった一週間だけでも空腹の苦しみは相当なものだった。また、どちらの場合もサポートをしてくれる人たちがいて、精神的に充実した断食ができた。しかし、今やろうとしているハンガーストライキは目的も環境もまったく違う。周りにいるのは家族とはいえ、私を棄教させるために何年にもわたって監禁することを辞さない人たちだ。生半可な気持ちではできない。命がけの決意が必要だった。

実力行使で乱闘が繰り返されたとき、体調を崩して自宅に戻っていた兄嫁が八〇四号室の監視に復帰した。

兄嫁は戻ってくると、自分たちが食事をいちいちキッチンから洋間に運ぶのを面倒だと言い、以前のように和室で食べることにすると言い出した。広大な屋敷ではあるまいし、運ぶのが大変というほどではないから、締め切った和室で食事をしている私のことが気にいらないのだろう。

「だめだね」と私は言下に断った。

「あなたがいないとき、話し合って一人で食べることになったんだ」

「そんな我が儘《まま》いつまでも通ると思ってんの」

兄嫁は不機嫌になり語気が荒くなった。

何事かといった面持ちで妹がやって来た。兄嫁は有無を言わせず、座卓で食事の準備を整え始めた。良い機会だと思い、私は兄嫁と妹に宣言した。

「わかった。じゃあ、自分は食べない。監禁に抗議して、これから断食する」

キッチンにいた母が和室を覗いて心配そうに言った。

「そんなことしてもしょうがないよ、やめなよ」

私は覚悟を決めて言った。

「これは監禁に対する抗議だ。解放してくれたら断食はやめる」

妹が念を押すように聞いてきた。

「ほんとうに作らなくていいのね」

「ああ、食べない」

兄嫁があきれ顔で言った。

「お母さん、放っておきましょうよ。自分で食べないって言ってんだから」

この日から、再び家族は私のいる和室で食事をするようになった。

私は食事の時間になると、定位置にしている押し入れの前で膝を抱えて座り、家族が座卓を囲むのを眺めた。とても腹が立った。

「もう八年だぞ。当時生まれた人はもう八歳だ。小学校三年生だ。こんなに閉じ込めて人権侵害だ」

思いをぶちまけると、堰《せき》を切ったように次々と鬱憤が口をついて出た。

「三〇代は人生で一番、気力も体力も充実する時だ。それを社会から切り離されて、こんな所に閉じ込められてまるまる奪われたんだぞ。どうしてくれるんだ」「いったい何回選挙権を奪われたと思っているんだ」「これを人権侵害と認識できないというのは、あんたらの考え方がよほど狂っている。なんでそれが分からないのか。それこそ非常識じゃないか」

家族も言いたいことが溜まっていたのか、和室でなにかと文句を言うようになった。やって来るのは母、妹、兄嫁で、兄嫁が先頭に立って二人を引き連れてくることが多かった。

ハンガーストライキ決行三日目。兄嫁が一人で私の目の前に立った。

「あなた、相変わらずまったく人の話を聞こうとしないよね。いいかげんに自分の頭でよく考えなさいよ」

「何言ってんだ。こんな酷い人権侵害は前代未聞だ」

兄嫁の表情がみるみる憤怒の形相に変わった。

「人権、人権って。性根の腐った人間に人権なんてないからね！」

恐ろしいほど顔つきが変わるのは日常茶飯事で、怒り狂って平手打ちまで繰り出す。目の前に正座したかと思うと頬をはられたこともあった。兄嫁は水泳競技経験者だったのもあって筋肉質で体格がよく、女性とは思えない力で平手打ちするので、私の顔面はいつも痛みか痺《しび》れが残っていた。彼女は彼女で、強く叩きすぎて手のひらを痛めたらしく、右手親指の付け根に湿布を貼っていたこともあった。

ある夜の夕食後など、私を前にして一人で文句を言っているうちにヒステリックに盛り上がり、「いい加減に目を覚ましなさいよ」と叫ぶとキッチンへ行ってしまった。

キッチンで物に当たっているのだろうか、何かが放り出される音、ぶつかり合う音、激しい水音と、立て続けに凄まじい音が轟いた。あまりの恐ろしさに息を呑んですくんでいると、ひと抱えもあるステンレスのボールを持って兄嫁が戻ってきた。仁王立ちしていた彼女は、恐怖で身動きできない私の背後に回って襟首から背中へボールの中身を一気に流し込んだ。

氷水だった。ありったけの氷を水と一緒に服に流し込まれて、断食中の体に冷たさが一段と身に染みた。通り過ぎていった冷たさ以上に、びしょ濡れになった服の惨めさがつらかった。

氷水事件に限らず、兄嫁のヒステリックな行状は凄まじかった。もしかすると、血のつながりがない自分こそが厳しく言うべきことを言わなければならないと思ったのかもしれない。あるいは、新婚九カ月から八年もの長期間、夫婦生活を犠牲にしてマンションに張り付いて監視生活をしてきたことを恨まれているとしたら、まったくありがた迷惑の逆恨みとしか言いようがない。

とにかく感情的になると言葉だけで収まらずヒステリックな暴挙に出るのが、逃げ場のない監禁下だけに恐ろしい。ハンガーストライキの飢餓感と肉体的なきつさに、兄嫁の仕打ちが精神的に追い討ちをかけるのだ。私は彼女の気配を感じただけで強い恐怖を覚え、動悸が激しくなり、体が硬直するようになった。

ハンガーストライキを始めて二週間が経った。立ち上がるのさえつらくなった。私にとって経験のない領域に入り、この先どうなるか不安になった。家族はまだ態度を変える気配さえ見せないのだ。

歩けなくなり、些細な身動きさえ大変になったので横たわって過ごす時間が増えた。風呂に入れなくなっただけでなく、トイレに行くのさえ大変で立って用を足すことができなくなってきた。頬はこけ、あばら骨が浮き出て手足もさらに細くなった。これでも、家族は動揺しなかった。このままハンガーストライキを強行しても家族が変わるとは思えなかった。

三週間、二一日目を区切りに私はハンガーストライキをやめた。

「断食をやめることにした」と家族に告げると、何事もなかったように次の日から食事が準備された。ただし、出てきたのは内臓に負担がかからないものだった。断食した日数と同じ日数をかけて徐々に普通食に戻していかなければならないのを、私も家族も知っていた。最初の食事は病人や乳児が摂るような重湯だった。この後、約一カ月かけて重湯から粥へと、普通の食事に戻した。

一年後の二〇〇五年四月、衰弱した体が回復してきたので、私は監禁に抗議するため再びハンガーストライキを決行した。だが一回目と同じように、家族はまったく動揺しなかった。このため二回目のハンガーストライキも三週間でやめた。また重湯から食事が再開されたが、一カ月経っても普通の食事に戻らなかった。

三カ月過ぎて夏になったが、粥に味噌汁だけの食事が続き、私は空腹感で身もだえする日が続いた。

「この前は一カ月で普通の食事に戻したのに、今度はなんでこんなに長いんだ。兵糧攻めか。制裁のつもりか。いつ普通の食事に戻すんだ」

家族の悪意を感じ取った私は兄嫁に言ってやった。

「いつ戻すか、なんて分からない」

家族と同じ食べ物が用意されるようになったのは、一一月になってからだった。食事制裁による懲らしめが七カ月間にわたって続けられたのだ。

一年後の二〇〇六年四月、今度こそ監禁から解放されるまで続けるつもりで三回目のハンガーストライキを始めた。これまでのようにハンガーストライキ宣言を家族にすると、勝手にしろとばかりに彼らは嫌味すら口にしなかった。

ハンガーストライキを始めて二週間後、やはり立ち上がるのが難儀になり、本を読んだりものを考えることすら難しくなって、日中も体を横たえて過ごすことが多くなった。三週間、二一日の壁に至ると、未だ経験のない苦しみに襲われ、意識が朦朧《もうろう》として呼吸も次第に荒くなってきた。さすがに母が心配して「もう、終わりにしたら」と言った。だが、さらに日数を重ねても家族は監禁をやめようとしなかった。

本当に死ぬかもしれない。ここで死ぬのが神のみ意なのかとさえ思った。意識が朦朧として、もはや祈ることもできなかった。死の現実が近づくほどに、強烈な生への執着が私を突き動かした。今、死んではいけない。

「ハンストをやめる」と家族に伝えた。食を断ってから三〇日目だった。

重湯から始まり、日常の食事に戻していくはずだった。ところが、丸一日経っても重湯が出てこなかった。

殺す気か。

今までと違い、家族全員の表情が硬直していた。

凍りついた部屋の空気を切り裂いたのは、兄嫁の声だった。

「あんた何言ってんの。勝手に断食しておいて、勝手に食事を出せとは何事？」

兄嫁に続いて妹も吐き捨てるように言った。

「馬鹿じゃないの」

たたみかけるように兄嫁が言い放った。

「死ぬまでやれ」

このままでは本当に殺される。決意のハンガーストライキをしておきながら、死の恐怖に直面すると意気地が萎えてしまった。私はなり振り構わず卑屈なばかりに平身低頭して食事を出してくれるよう家族に懇願した。

翌日、朝食の配膳が始まり、私は「これで死ななくて済む」とほっとしたが、目の前に置かれたのは前菜を盛り付けるような小鉢だった。口の広さが人差し指の長さくらい、深さが小指の長さくらいの食器に、七分目ほど重湯が注がれている。これまでは、ごく普通の汁椀で重湯が出てきたのだが。

家族が食事をとっている姿を見たくなかったので、壁のほうを向いて重湯をすすることにした。

「ちょっと、こっち向きなさいよ！」と兄嫁が怒鳴って座卓を激しく叩いて、「ここに座りなさいよ」と私に命令した。そうしなければならない理由が分からなかったものの、従わなければ重湯を取り上げられかねない勢いだったので、私は指示された場所に座り直した。

昼食と夕食でも同じように重湯だった。この間にスポーツドリンクを水で薄めたもの五〇〇ミリリットルが一日二回与えられた。これが、ハンガーストライキ後一日目の食事だった。

五日後になっても食事は一日目と変わらなかった。いつもの小鉢が、私の前にぽつんと置かれるだけだ。食事をしている家族を垣間見ながら、小鉢から舐《な》めるように重湯を少しずつすする。それでも三分くらいで、あっけなく食事が終わってしまう。これでは飢えが満たされず、ひもじさがつらかった。

これまでより長い一カ月の断食だったので、重湯から粥へ、普通の食事へと戻すのに時間をかけていると考えることにした。そうでもしなければ、とても耐えられない。本音を言えば、「もっと食べたい。普通の食事に戻すペースを上げてくれないか」だが、硬い表情で黙りこくって食事をしている母、兄、兄嫁、妹にとても頼める雰囲気ではなかったのだ。

ハンガーストライキ終了から一〇日。重湯の量は増えず、私の体は痩《や》せこけ餓死寸前の人のようになった。

食事制裁だ。わざとやっているとしか、思えなかった。

一日の食事が重湯少々とスポーツドリンクだけ。これでは、何も食べていないに等しい。三〇日間ハンガーストライキをして、さらに一〇日間の断食を強いられ、私は餓死の恐怖に直面した。飢え死にさせられる。

生き延びるために、口に入れられるものがないか考えた。

私がいる和室の、襖を開けた所に冷蔵庫がある。家族の目を盗んで冷蔵庫を物色すると、淡い光に照らされた庫内に食べ物があった。空腹のあまり生唾がわいてくるが、やたらに盗み食いをしてばれると、もっとひどい制裁が待っているに違いない。ひもじさのあまり頭が回らないものの、必死に考えた。扉のポケットにマヨネーズやケチャップなどの調味料があった。そっとマヨネーズを抜き取って、キャップを開けると中身を手のひらに絞り出した。部屋に戻って、手のひらのマヨネーズを少しずつ舐めた。調味料は刺激が強いだろうから弱った胃や腸によくないはずだが、それどころではなかった。

この時から私は、マヨネーズ、ケチャップ、ウスターソースを隠れて口に入れ空腹を誤魔化した。だが一週間ほど経つと、調味料が冷蔵庫からあとかたもなく片付けられてしまい、私は狼狽《うろた》えた。いつ盗み食いがばれたのか。なんとかしなければ死んでしまう。

キッチンの流し台で、水は飲めた。一日に何度も水で空腹を誤魔化しているとき、流し台の隅にある三角コーナーに食べられそうな生ゴミがあるのに気付いた。生ゴミを全部口に入れたい衝動に駆られたが、いっぺんになくなればすぐ気付かれてしまう。家族の目を盗んで三角コーナーからニンジンの皮、リンゴの皮、キャベツの芯などを、少しずつ抜き取って和室に戻って食べることにした。

この日から、母や妹がキッチンで炊事をする物音に異様なくらい敏感になった。包丁とまな板の音から、どんな野菜や果物を切っているか思い描き、捨てられた切れ端を食べる想像をして恍惚となった。家族が食事を終えると、キッチンに行って三角コーナーにどんな生ゴミがたまっているか見るのがなによりも楽しみになり、特にリンゴの皮があると心が躍った。リンゴの皮を抜き取って部屋に戻ると、五センチほどに切って口の中に入れる。皮に残ったわずかな実をかじるとフルーティな甘さが口いっぱいに広がり、あまりの旨さに涙がこぼれた。

だが、しばらくすると三角コーナーの中の生ゴミがなくなった。

いつばれたのか。

家族と一言も会話を交わさなくなって久しい。こちらから尋ねるなんて、恐ろしくてできなかった。

三〇日の断食を終えて、四〇日が過ぎた。あいかわらず私の食事は小鉢の重湯とスポーツドリンクだけだ。このままではまず生きてはいけないだろう。調味料と生ゴミでなんとか食いつないできたが、神からも見捨てられたような気持ちだった。

生と死の狭間で

この頃の私は飢えのため、もはや何も手につかなくなっていた。本や新聞を読むことも、テレビを見ることもできなかった。意識が朦朧として一日中横になって過ごしていた。

夕焼けがオレンジ色に染めた曇りガラスをぼうっと眺めていると、どこからともなく音楽が聞こえてきた。竪琴で奏でられているような音色で、聞いたことがあるような懐かしさを感じる音楽だった。この世のものとは思えないほど美しい旋律に、しばし飢えを忘れた。

どこから聞こえてくるのだろう。

夕方になると杉並区の防災無線スピーカーから聞こえてくる童謡『夕焼け小焼け』ではなかった。辺りには、こんな音楽を流す習慣も施設もない。

幻聴だった。

あの世からの迎えがきているのかもしれない。

ここまで生かしてくださった神に感謝する思いが湧き上がり、涙が流れた。いよいよ死ぬのかと、私は覚悟した。

しばらくしてキッチンで誰かが夕食の準備を始めたのが、米を研《と》ぐ音で分かった。光明が見えた気がした。研いだ米は水と一緒にボールに入れられ、流し台の上で三〇分から一時間ほど浸水させる。この時、キッチンには誰もいない。生米は硬くて食べられないと思っていたが、試してみるほかない。

キッチンが静かになってから頃合いを見計らい、襖を開けて流し台の前まで行き、ボールの中から水に浸してある生米を指先で少し抜き取り、部屋に戻ると畳に座った。水に浸され白くなった米が、手の中にあった。五粒ほど摘んで口に入れ奥歯でかじると意外なほど軟らかく、噛み締めるように咀嚼《そしゃく》すると香ばしい味が口いっぱいに広がった。

「おいしいなあ」

私は水に浸した生米の虜になった。

冷蔵庫から調味料が消え、三角コーナーの生ゴミもなくなった今、生米以外に口に入れられるものはなかった。

これが最後の頼みの綱。生米を隠されたら、もう終わりだ。

生米を抜き取って食べる日々が始まった。

食事を始める二時間前に、母か妹が米を研ぐ。キッチンからリズミカルな米研ぎの音が聞こえると、期待で心臓がどきどきした。米に水を吸わせるため二〇分ほど待ち、トイレへ行く。トイレを出たら、流し台で手を洗う振りをする。見つからないように生米を抜き取る。部屋へ戻って、少しずつかじる。香ばしい味が口いっぱいに広がる。それは至福の時間だった。

耐え難い飢餓感と生米の旨さから、次第に私は大胆になりボールから抜き取る量が増え、やがてカップ半量近くなっていたと思う。

炊飯するとき米に対して水の量が多くなれば、自ずと炊き上がりの加減が変わる。

食事の席で兄が、「最近、なんかご飯が軟らかい」と言った。母と妹も「そうだね」と首をひねり、兄嫁は釈然としないのか不機嫌そうな顔で茶碗を見つめた。

平静を装って小鉢の重湯をすする私は、「神様、なんとかばれないようにして下さい！」と心の中で叫び、生きた心地がしなかった。こんな出来事があっても、私は大胆に生米を抜き取るのがやめられず、米の炊き上がりが水っぽく軟らかい日が続いた。

「炊飯器、壊れたね」

「しょうがないね」

母と妹が襖の向こうにあるキッチンで残念そうに話をしていた。その後、今まで使っていた炊飯器がなくなり、新品に買い替えられた。家族は炊飯器が壊れたと勘違いしたのだ。米を抜き取って食べているのが、奇跡的にばれなかったのだ。神業としか思えない出来事だった。

だが、なんら飢餓の解決にはならなかった。

私の元へ差し入れられていた産経新聞のコラムに、アイルランドの反政府勢力ＩＲＡの二〇代の若者が、四〇日から七〇日間のハンガーストライキで何人も死んだ一九八〇年代の出来事が取り上げられていた。三〇日間のハンガーストライキ後、重湯とスポーツドリンクだけの食事が続く中、少量の生米を抜き取って食べるだけでは、いずれＩＲＡの若者のように飢え死にする。

二〇〇六年七月一〇日、ハンガーストライキをやめてから七〇日が過ぎていた。

「このままでは体がもたない。お願いだから食事を戻してほしい」

私は家族を前にして勇気を振り絞って頼んだ。

兄が少し考えてから、「もうそろそろ戻してもいいんじゃない」と言った。

「えー、信じられない」

いかにも残念そうな兄嫁の一言に、私は背筋が凍る思いがした。

この日から重湯の器が小鉢から汁椀に変わり、重湯が増えただけでなく、飯粒が少し混じるようになった。これでなんとか生き延びられると、私は心から安堵した。

重湯とスポーツドリンクの後、重湯が三分粥に、三分粥が七分粥にと徐々に変化し、四カ月後にようやく炊いた飯になった。

初日のメニューは次の通り。

朝：食パン一枚に飲物一杯

昼：ご飯一杯、味噌汁一杯、おかずは海苔四枚・漬け物と小魚少々・梅干し
夜：ご飯一杯、味噌汁一杯、おかずは漬け物・小エビ・納豆

これらのおかずが、葉書の短辺を直径にしたくらいの小皿に盛られていた。いずれ家族と同じ物を食べられるようになると思っていたが、現実は甘くなかった。

一カ月後も、半年後も、一年後も、メニューも量も小皿も変わらなかった。いっぽう家族はカレーライス、餃子、カツ丼、ラーメン、コロッケ、天ぷら、焼き魚などを、私と同じ座卓で食べていた。

目の前で家族が口に運んでいるおかずを、私も食べたかった。しかし「なぜ、いつまでも私だけが違うのか」と尋ねられなかった。家族の機嫌を損ねて食事の量が減らされるかと思うと、恐ろしくてとても言い出せなかったのである。

この頃、特に私を悩ませたのは食卓にカレーが並ぶ日だった。目の前で家族が食べるカレーの匂いが鼻をついて空腹感を強烈に刺激した。夕食がカレーの日は、カレーのルーを残しておいて翌日の昼にカレーうどんを食べるのが家族の習慣だった。このように「カレー地獄」は必ず二日間にわたって繰り広げられた。

これだけではない。家族は昼食の後、必ずヨーグルトに季節のフルーツを入れて食べ、私は指をくわえて眺めるだけだった。さらに、食事を終えると別の部屋で家族だけで菓子やフルーツな

どを食べていた。空腹すぎて、匂いに敏感になっていた私は家族が食べているデザートがリンゴかミカンか、チョコレートかクッキーか見当がつくほどだった。この甘い匂いに引き寄せられて、私は再び三角コーナーに置かれるようになった残飯を漁ったが、甘いものはリンゴの皮がせいぜいだった。

私の骨と皮だけに痩せ細った体は、いつまで経っても回復しなかった。慢性的な飢餓状態に苦しむ私は、寝床に入ってもカレー、カツ丼、あんパン、各種フルーツなど、食べたくても食べられないメニューが次々と脳裏に浮かび、空腹すぎて眠ることさえできなかった。

怨讐を愛せよ

三〇日間行ったハンガーストライキの後、過酷な食事制裁が行われていた二〇〇六年の夏、監禁期間が一〇年を過ぎ一一年目に入ろうとしていた。

昨年、差し入れられていた新聞が産経新聞から東京新聞に変わったが、六月になって東京新聞も部屋に届けられなくなった。この世のものとは思えないほど美しい旋律が幻聴で聞こえ、生ゴミや生米を盗み食べて飢えを凌いでいたときのことだ。意識が朦朧となって、一日のほとんどを横になるか壁にもたれかかって過ごしていた。新聞を読む気力がなくなっていたので、どうせ読まないなら必要ないだろうと、家族が考えたのかもしれない。

新聞を読めなくなって三カ月過ぎた九月、和室を掃除していた妹が、番組を録画していたビデオテープを断りもなく持ち去ろうとした。「使ってるんだから、持ってくなよ」と言って妹の手から取り返そうとしたが、彼女が離さなかったので嫌な音を立ててビデオテープの外装が壊れた。

「おい、なんで壊すんだ」

「そっちが放さないからでしょ」

言い争いになった。

すると兄嫁がやって来て、壁の端子に差し込まれていたテレビのアンテナケーブルを引き抜き、テレビ側からも外して持ち去ってしまった。終始無言だった。この日以降、スイッチを入れてもテレビの画面には砂の嵐しか映らなくなった。

監禁当初と同様にテレビも新聞も見ることができなくなり、再び外の情報に触れる手段を失った。私にとって時代は、安倍政権誕生の報道で止まってしまったのだ。

これでも妹と兄嫁による仕打ちに抗議できなかった。

私がなによりも恐れていたのは、さらに食事の量が減らされることだった。家族の理不尽な言動への憤りよりも、家族の機嫌を損ねていっそう厳しい食事制裁を加えられる恐怖のほうがはるかに勝っていた。新聞が読めなくなり、テレビが見られなくなっても、飢えへの恐怖のため家族の顔色をうかがわざるを得なかったのだ。

私はとにかく痩せてしまった。監禁されるまで、身長は平均より高い一八二センチで体重は六五キロほどだった。しかし、今は四五キロくらいまで痩せてしまったのではないかと感じる。全身の筋肉が削げ落ち、あばら骨が浮き出て手足が異様に細くなっていた。妹とビデオテープの取り合いをしても体力的にまったく太刀打ちできず、兄嫁がテレビのアンテナケーブルを持ち去るのを、指をくわえて見ているほかなかったのである。

統一教会の重要な教えの一つに「怨讐《おんしゅう》を愛せよ」がある。これは、自分を迫害するような相手に対しても、憎まず、復讐せずに愛し抜きなさいという極めて高い次元の愛のあり方を教示したものだ。新約聖書でもイエス・キリストは、「敵を愛し、迫害する者のために祈れ」と説いている。監禁中、私はこの教えをいつも意識していた。親兄妹といえども拉致監禁は犯罪行為なので、家族に対しても厳しく糾弾してきた。時には激しくぶつかり合った。しかし、心の中では憎しみや恨みを排除しようと努力し、祈ってきたのだ。宮村氏や元信者たちに対しても同じだった。だが、これは簡単ではなかった。壮絶な〝自分との闘い〟だった。だから、私は監禁に抗議や抵抗はしても暴力は一切振るわなかった。私がここまで心が壊れずにこられたのも、その努力の結果として〝神の守り〟があったからだと私は感じていた。

しかし、監禁生活が一〇年を過ぎると、私は憎しみの感情を抑えきれなくなってきた。

母、兄、兄嫁、妹がここまでのことをするのは私の人生について真剣に考え、私にとってよかれと思ってやっているのだろう。だが母も、兄も、妹も、そしておそらく兄嫁も、以前とはまったく変わってしまった。背後にいる宮村氏の影響があまりにも大きかったのだろうが、私を家族の一員ではなく、原理の毒に侵され、その毒がいつまでも抜けない危険人物として扱っているように感じられた。また、監禁生活が長引くほどに自分たちの生活が犠牲にされ、家族の鬱屈した情念の矛先が私に向けられたとも考えられる。

これらの事情をおしはかっても一〇年は長すぎる。いったい家族に何の権利があって、私の自由を一〇年も奪ったのか。その上、まともな食事さえ出さないとは。一日中空腹で体は痩せ細りもはや抗議さえできない。来る日も来る日も、食事の時間になると私の前にだけ、小皿にのった梅干し。目の前にいるのは、能面のような表情の家族だった。

それだけでなく、私から見れば兄、兄嫁、妹は信仰に対する「裏切り者」だった。彼らは私が再臨主として敬愛する文鮮明師に、散々悪態をついて愚弄した。その言動は、赦せるものではなかった。

このような日々が続くうち、いつの間にか私の心のひだに怨恨の情念がびっしりと根を張るように食い込み、腐臭を発するようになっていた。もはや「怨讐を愛せよ」と唱えて祈ってみても恨みを消し去れず、焼け石に水の状態だった。このまま監禁が続けば、悪魔のささやきに屈し、私の心の器が決壊してついには自傷他害行為に暴走してしまうのではないか。こんな恐怖が襲ってきた。

自分の力では如何ともし難い、日に日に膨張していく怨恨を浄化したい。もう、神に頼るしかなかった。すべての事情を知る神にすがるしかなかった。私に残された、私にできることと言えば、あとは神に祈ることだけだった。

しかし、監禁期間が一〇年を過ぎると、祈りに手応えがないのも相まって私は神から見捨てられたような絶望感に陥ることもしばしばだった。このままここで一生過ごせということなのだろうか。

これまで祈りによって多くの恩恵を受けてきたが、大きな壁に突き当たったような気分だった。今まで以上に精魂を尽くさなければならない。私は今までにない長い祈りの時間を生活に組み込んだ。

祈りにもっとも集中できる時間帯は、家族がまだ寝静まっている早朝だった。私は家族が起床する前の二時間から三時間を祈祷の時間に充てた。毎日の祈りにこれだけの時間を割くのは初めてだった。

二〇〇六年一二月、私は早朝祈祷を始めた。

初日、まだ暗いうちに私は起床した。腹がへりすぎて夜中に起きてしまうのは、むしろ好都合だったと言える。また布団を部屋の壁に沿って密着させて敷いていたのも、このまま壁を背もたれにして布団にあぐらをかいて座って祈祷する体勢に向いていた。

壁に背中をもたせかけるとひんやりして思わず首をすくめた。家族からの無言の圧力を感じてエアコンを使わなかったので、掛け布団を体の前から肩まで掛けて寒さをしのいだ。もし誰かが目にしたら、壁に張り付いた布団から顔だけが出ているように見えただろう。

早朝四時から七時の祈りだった。

「天のお父様、監禁されてもう一〇年です。このままではどうにかなりそうです。憎しみを抑えることができません。いったいどうすればいいのでしょうか」

率直に祈った。

早朝の祈祷を始めたばかりは、空腹が集中を妨げ、食べたい物ばかりが頭に思い浮かんで、時間が過ぎるばかりで徒労感だけが残った。しかも得体の知れない重たい暗闇がズッシリと自分の背中にのしかかってきて、祈りが通じないように妨害しているようだった。

祈り続けて一カ月、少しずつ手応えを感じるようになってきた。私は神に愛されているのを直感して、なんとも言い難い安心感に満たされた。異なる信仰の人や、信仰を持たない人に伝わるか分からないが、重くのしかかる暗闇が徐々に晴れてきて、自分の背中から天まで一直線に光の道が通じ温かな光に包まれる感覚だった。

神からの啓示は声ならぬ声として、インスピレーションとして受け止めた。
［私を信頼しろ。私が導く。私にゆだねろ］
［よく見ていろ。私の力を。私のわざを］
これらのメッセージから、神がまだ私を見捨てていないことを感じ取った。
何度も繰り返し受けるメッセージこそ、神が私にもっとも言いたいことと考え書き留めることにした。
ただし、春以来ノートやボールペンなど筆記用具を家族が渡してくれなくなっていた。そこで八〇四号室に移されてから、ノートがなくなったときに備えて押し入れに保管しておいた古いカレンダーを使った。筆記具はボールペンを使い果たしていたので、芯が数本残っていたシャープペンシルを使った。古いカレンダーもシャープペンシルの芯も限りがあり貴重だったので、どちらも節約するためなるべく小さな字で書くようにした。
部屋が真っ暗な早朝は、明るくなるのを待ってメッセージを記した。繰り返しメッセージを受けたときは、書き留めてあるものの右肩に正の字を一画ずつ書き加えた。
［反対、迫害が激しくなればなる程、損しない、早く罪が清算される、弁償せざるをえない。かならず弁償せざるを得なくなる］
このメッセージも頻繁に受けた。これは「迫害」に関する宗教的な捉え方を示唆したものと受

け取った。受難や艱難《かんなん》は、それを正しい心で受け止めれば、むしろ自分の業《ごう》が速やかに清算され、迫害者が弁償の負債を負うことになるというメッセージだと思う。

カレンダーが神からのメッセージで埋められていった。

四カ月が過ぎた。二〇〇七年四月、この頃になると寒さも和らいで布団を被らずとも祈れるようになった。私の心には未だ拭い難い怨恨の情念が燻《くすぶ》っていた。

［それでも私は彼らを愛しているのだ。なんとか救いたいのだ。これが私の心情だ。彼らのメシヤとして彼らを愛して愛して愛して救ってあげろ。救え。迷うな。愛して救ってあげるんだ］

神のあまりにも深く広い愛に触れ、私は涙がとめどなく流れた。

私は寝る前になるとトイレに行き、五〇センチほど切り取ったトイレットペーパーを正方形に折り畳むようになった。これを六つ、七つ作ると枕元に忍ばせて寝る。翌朝、祈りの中で神の心情が迫ってきて涙と鼻水が流れてくると、布団の下に忍ばせておいた折りたたんだトイレットペーパーを一つずつ取り出して涙を拭き、鼻をかんだ。祈祷が終わる頃には、準備したものはたいてい全て使い切っていた。あとには、涙と鼻水で固まった灰色の団子だけが枕元に残った。

［必ず落ちる。奇跡を起こせ。出る時は私が導く。ローマ帝国も最後には落ちただろ。必ず落ちるようになっている。不可能に見えても条件さえ満ちれば必ず落ちる］

キリスト教を激しく弾圧したローマ帝国も最後にはキリスト教がローマ帝国の国教となったよ

うに、条件さえ満ちれば必ずマンションから出られる日が来る、という希望的なメッセージと受け取った。

絶望の淵に立たされていた私は、祈りによって与えられる霊的力と慰め、そして力強い啓示のメッセージを通して希望の光を微かに見いだしていた。

目指すは松濤本部

二〇〇八年二月一〇日、日曜日。早朝祈祷を始めて一年経過した。鉄筋コンクリートの厚い壁の中にある八〇四号室でさえ、冷たさが身に染みるほど寒い日だった。

日が陰りはじめた午後四時頃のことだった。兄、兄嫁、母、妹が久しぶりに揃って和室に入ってくると、一様に険しい表情をして私の前に一列に並んで座った。

兄が言った。

「おまえはいったいどうしたいんだ。統一教会が間違いないかを考える気はないのか」

「監禁部屋で検証する気なんてさらさらない」

皆、押し黙り微動だにしなかった。

「ほんとうにそれでいいんだな」

「ああ。何度も言わせるな」

兄は私を睨み付けると、語気を強めて言った。

「それなら、出て行け」

とっさに兄が何を言っているのか理解できなかった。私が脱出しようとすれば暴力で脱出を阻止し、監禁を続けた張本人が出て行けと命令するとは。私の人生をいったい何だと思ってるんだ。

「なら、少しでもお金を下さい。そうでないと電車にも乗れない」

実家で拉致されたとき、私の財布には一万円ほど現金が入っていた。しかし、新潟のマンションに置いてきたまま財布と現金を返してもらえないままだった。

「ダメだ。金はやらん」

兄の答えが家族の総意なのだろう。

拉致されたとき、三一歳だった。今、私は四四歳だ。貴重な時間とあらゆる機会を奪われたというのに、家族の意にそぐわないなら着の身着のままの一文無しで出て行けというのか。あまりにも理不尽な扱いではないか。

「一二年も監禁しておいて、無一文で追い出すなんて酷いじゃないか。ふざけるな！」

私が怒り心頭で言い放った瞬間、いきなり兄がものすごい形相になって掴みかかってきた。兄嫁と妹だけでなく母まで私の胴や手足を掴んで持ち上げ、兄に加勢した。抵抗したものの痩せ細った体ではまったく歯が立たず、そのまま玄関から運び出されるとコンクリートの共有廊下に転がされた。仰向けになったまま起き上がれずにいると、兄が「靴、靴」と叫び、誰かが革靴を放り投げてきた。瞬く間に玄関のドアが勢いよく閉められ、鍵が掛けられる音がした。

私は手の甲や手首から出血し、着ていたセーターは破れていた。

「ふざけるな！」

あまりの仕打ちに私は怒りが収まらず、ドアを激しく叩き続けた。

「うるさい！」

ドアの向こうで兄が怒鳴った。

私は我にかえり、望み通り解放されていることに気付いた。

呆然としながら共有廊下に転がっている革靴を履き、エレベーターに乗って一階に降りるとエントランスから外へ出た。夕暮れ前の陽射しが荻窪の街並みを照らし、空を見上げると透き通るような冬空だった。人や車が行き交っている。

ひんやりとした冷気に包まれながら、深呼吸してみた。

自由になったんだ。

硬く締まった日陰の氷が、陽を浴びて少しずつ溶けていくように、じわりと解放感が込み上げてきた。振り返ると、エントランスのアーチに「フラワーマンション」と切り文字の銘板が掲げられていた。一〇年間、一歩も出ることができなかったマンションの名前を初めて知った瞬間だった。

やった。自由になった。私は一二年五カ月ぶりに監禁から解放されたのだった。

喜びも束の間、衰弱した体で、無一文で、行く当てがなく、しかも激しい空腹という現実に引き戻された。これから何があるか分からないので、マンションの住所だけでも控えておこうと電柱を見ると、杉並区荻窪の番地が表示されていた。エントランスに捨てられていたチラシの裏に、歩道の端に置かれていた植木鉢から拾った小石を擦り付けて番地の番号を書き付けた。

陽が傾いていた。あと一時間もすれば日が暮れるだろう。統一教会に帰って事情を話すほかないのだろうが、荻窪周辺の施設がどこにあるのか知らなかった。渋谷区にある松濤本部に行けばなんとかなるだろう。私はマンションの住所を書き留めたチラシを折りたたんでジャージ生地でできたズボンのポケットに入れると、統一教会本部を目指した。

マンションの前にある大通りを少し進んだところで、この道が青梅街道であるのが分かった。青梅街道が東京を東西に横切っているのは知っていたので、ひとまず東へ向かって進んだ。しばらくすると「成宗《なりむね》交番」と看板が出ていた。

監禁されていたことを警察に訴えよう。きっと助けてくれるに違いない。

交番の引き戸を開けると、中に警察官が二人座っていた。

「すみません。この近くのマンションに監禁されていて、先ほど解放されました」

二人の警察官は「えっ」と驚いた様子で立ち上がり、私の容姿をしげしげと見つめた。着の身着のままで突然マンションから追い出された私の姿は、もみ合いで脇が破れた燕脂《えんじ》色でボーダーのセーター、着古してくたびれた黒いジャージのズボン、靴はタッセルが着いた革靴で、髪は自分で切った丸刈りが伸びたような虎刈りだった。どう見ても尋常ではない。

私の背後に回って出入り口の引き戸を静かに閉めた警察官が、「もう少し詳しく話してくれませんか」と言った。

私は自分が統一教会の信者であること、統一教会の信仰を棄てさせるために家族によって拉致監禁されていたこと、一二年間にわたる監禁だったことなどを説明した。真剣に話を聞いていた二人の警察官は、次第に困惑の表情を浮かべた。

「そうですか。でも、家族が一緒だったんですよね」

「はい」

「食べ物も食べてたんでしょ」

「食べてはいました」

するとし訳なさそうに言った。

「そうですね。こちらとしては、ちょっとどうしようもないですね」

「監禁されてたんですよ」

語気を強めて私が訴えると、警察官が言った。

「親御さんも一緒だったんですよね」

まるで話にならない。

せめて電車賃ぐらいは借りたいと思った。

「一文無しなので、お金を貸して下さい」

すると「現住所はどこになりますか」「身分証明書はお持ちですか」「東京に知り合いはいないのですか」などと聞かれた。

「いや、だから一二年もマンションに監禁されていて、そこから今出てきたので、何も持ってないし、頼るところもなくて」

「それではちょっと難しいですね」

身元不詳とあって電車賃を借りることさえも拒否されてしまった。私は絶句した。

歩いて本部まで行くほかない。そこで、警察官に渋谷方面への道順を尋ねた。

「渋谷まで歩いて行くの?」

「どのくらい距離がありますか」

「うーん、結構あるね」

「歩いて行ける距離ですか」

「歩いてか。まあ、行けないことはないかな」

警察官の一人がメモ用紙を持ってきて鉛筆で渋谷までの略図を書きながら道順を教えてくれた。

「青梅街道をこのまま東にずうっと行って、明治通りとの交差点に出たら右折して、明治通りを南へ下って。ここの交差点に『中野坂上』という地下鉄の駅があります。一番分かりやすいのはこの道順ですね」

渋谷の本部まで一〇キロほどの道のりのようだ。

道順が書かれた紙切れを握って交番を後にした。外はすでに薄暗くなっていた。私は焦った。早く本部に行かないと、閉館時刻になってしまう。

ふと、警察官は私がガリガリに痩せていたことに気が付かなかったのだろうと思った。エアコンを使う資格があるのかという家族の無言の圧力を感じて、私は上半身に半袖シャツ、長袖シャツ二枚、トレーナー二枚、セーター三枚の計八枚、下半身はズボン下一枚、ジャージ二枚の計三枚を重ね着していた。警察官の前で服を脱いで異常なほど痩せた体を見せていれば、あるいは対応が違ったかもしれない。

一二年五カ月ぶりに自分の足で自由に歩くのは、とても刺激的だった。心身のダメージが大きくて運動ができない日もあったが、それでも意識して体を動かしていたことが幸いしてか比較的速いペースで歩けた。

歩道を歩いていると、いろいろな人に出会う。スーパーのレジ袋を持った中年女性。小さな女の子と手をつないだ若い夫婦。自転車で颯爽と追い抜いていく青年。地上から離れた八階の、しかも曇りガラスの窓が固く閉ざされた部屋の中で、限られた人物の顔だけを見て過ごしてきた私の目に、見知らぬ人たちが自分の前を行き来するなんの変哲もない情景がとても新鮮に映った。まともな食事をとれなかった身に、ラーメンやドーナツなどの飲食店の前を通るたび、漂ってくる匂いがたまらなかった。腹いっぱい食べたい衝動に何度も駆られたが、一文無しではどうしようもなかった。一息ついたら食べ放題の店で腹一杯食う。鼻息を荒くしながら、私は自分に言い聞かせて先を急いだ。

片側二車線から三車線のイチョウ並木が続く青梅街道を、約一時間、五キロほど歩くと、ようやく山手通りとの大きな交差点に行き着いた。中野坂上の交差点だった。私は横断歩道を渡ると、紙切れに書かれた略図に従い山手通りに沿って南へ向かって歩いた。

周囲にあかりが灯りはじめた山手通りを進むと、夕日に染まった西の空に見覚えのあるビル群が姿を現した。都庁をはじめとする新宿の高層ビル街だった。懐かしさと嬉しさが込み上げて思わず笑みが浮かび、監禁から解放された実感が込み上げてきた。

だが体に想定外の異変が起こりはじめていた。両膝の下がじわじわ痛くなってきたのだ。痛みが増すごとに、歩くペースが落ちる。京王線の初台駅が間近にある山手通りと国道二〇号の交差点を過ぎる頃から、ありきたりの痛みではなくなった。足を一歩前に出すごと激痛が走るのに堪え歩き続けると、膝ががくがく笑い始め力が入らなくなってきた。久しぶりに長距離を歩いたので膝に何かしら異常が生じたのだ。なるべく膝に負担がかからないように、前屈みになり膝に手を添えてゆっくりと歩くほかない。辺りはすっかり暗くなり、気は焦るばかりだった。

このペースで間に合うのか。

いよいよ立っているのさえつらくなって、体重を支える杖の代わりになるものを探した。山手通りのあちこちで工事が行われ、黄色と黒のバリケードと赤色灯の点滅が目についた。歩道近くの工事現場に、一メートル強の木の角棒が落ちていた。試してみると、杖にちょうど良かった。私は杖で体を支えながら、ゆっくりと少しずつ前進した。

山手通りと小田急線が交差する高架橋を越え、しばらく進むと井の頭通りとの大きな交差点に架かる歩道橋の階段が見えてきた。

この階段を上って、また下りるのではきつい。

歩道橋を使わずに大通りを渡れる場所がないか見回したが、どこにも信号や横断歩道は見当たらなかった。歩道橋を渡るしかないようだ。

街灯に照らし出された赤黒い舗装の階段を見上げた。衰弱していなければ難なく渡れる歩道橋の階段が、まるで行く手を遮って立ちはだかる魔物のように見えた。意を決して歩道橋の階段に足をかけ、手すりにもたれかかるようにして激痛に耐えながら一段、一段ゆっくりと上った。下りるときも手すりにつかまり、歯を食いしばってゆっくりと歩いた。

だいぶ時間を費やしてしまった。なんとしても、本部が閉まるまでに到着しなくては。

歩道橋を越えて歩いているとさらに膝下の痛みが増して、杖代わりの棒で体を支えるだけでは歩けなくなった。痛みをやわらげるため、右手で杖をつくだけでなく左手で左足の膝に手を添えて歩いた。背中が曲がり、かなり無理な姿勢になったが仕方がなかった。

日曜日の夜の山手通りは人通りがまばらだった。時折すれ違う通行人が、不審そうに私を見る。破れたセーターとジャージ姿で、靴は革靴を履いて、丸刈りに近い虎刈りの髪。しかも、背中が曲がったままの老人のように杖をつきながら、ゆらりゆらりと歩いているのだから、通りすがりの人にはホームレスか変質者にしか見えなかっただろう。

しばらく行き、カーブを描く大きな三叉路を過ぎた先の電柱に「渋谷区松濤」と住所が表示されていた。

ついに松濤まで来たか。私は勇気づけられ少し元気を取り戻した。

だが電柱から大して歩かないうちに、膝の痛みが限界を超えて一歩も足が踏み出せなくなった。

「もう、ここまでか」と、私は歩道の端に座り込んだ。

もし私が地図を持っていたら、座り込んだ場所が「松濤二丁目」の交差点で、左折して一五〇メートル行くと東急百貨店本店があり、突き当たりを左へ折れて七〇メートル行った所に統一教会本部があると気付いたはずだ。体力があれば一五分で辿り着く距離だ。だが、夜の闇の中、渋谷の道路事情に不案内な私は、どちらに進んだらよいのかさえ分からなかった。交番で書いてもらった略図は、山手通りを南下するところで終わっていて、すでに役に立たなかったのだ。

もう午後八時頃のはずで、フラワーマンションを出て四時間ほど過ぎたことになる。何枚も重ね着をしていることが幸いしたが、一年でもっとも寒い時期だったので冷気が肌まで伝わってくる。

このままでは行き倒れる。

私は膝を抱えうずくまり痛む両膝をさすった。拉致監禁されてから一二年五カ月の、様々な試練と神の導きが走馬燈のように脳裏を駆け巡った。

私は膝に顔を埋めて神に祈った。

「天のお父様、ここまで守り導いて下さったことを感謝いたします。一歩も動けなくなりました。ここで果てるのがみ意なら、どうぞ、み意のままになさって下さい」

私が殉教を覚悟したとき、声ならぬ声が心に響いた。

「あきらめるな」

私は顔を上げた。

這ってでも行ける所まで行こう。私は杖代わりの棒を両手で握ると、歯を食いしばって立ち上がった。

道が分からない。こうなったら、通りかかった人に道を尋ねるしかない。寂しい夜道を歩く人に、ホームレスのような姿で声をかけるのは憚《はばか》られたが、もう構ってはいられなかった。

中年男性が通りかかったので、思い切って声をかけた。

「すみません、この近くに世界基督教統一神霊協会の本部があると思うのですが、ご存じですか」

男性はぎょっとして立ち止まると、怪訝そうな顔をして言った。

「この近くに住んでいるけど知らないねえ」

男性はそそくさと去って行った。

私が監禁されている間に、教会本部がなくなってしまったのだろうか。あれから一二年五カ月が経っているのだから、何があってもおかしくない。

しばらくすると、交差点の左側から若い女性が歩いてきた。人通りはほとんどない。声をかけたら、怖がられて逃げられてしまうだろうか。でも、この人に聞かなかったなら後がないかもしれない。

「すみません。統一教会の本部はどう行ったらよいのでしょうか」

私が杖代わりの棒で体を支えながら尋ねると、女性は驚いていた。

「えっ」

「世界基督教統一神霊協会です」

統一教会の正式な名称で再び尋ねた。

「どうされたのですか」

私はやっと女性の姿を冷静に見ることができるようになっていた。ベージュのトレンチコートに身を包んだ清楚な人だった。

「信じてもらえないかもしれませんが」と彼女を怖がらせないように、丁寧な口調で説明した。

「私は統一教会の信者なのですが、一二年前に拉致監禁されて今日解放されて、ここまで歩いてきたんです」

女性はおもむろにバッグから黒表紙の薄い本を取り出して見せた。私は息を呑んだ。紛れもない、統一教会の聖歌集だった。

「私、食口《シック》です」

「食口」は「家族」を意味する韓国語で、統一教会内では同じ教会員に対して親しみを込めて使う言葉だ。彼女は一二年五カ月ぶりに出会った統一教会信者だった。

今日は日曜日だった。キリスト教会で日曜礼拝が行われる日だ。女性は日曜礼拝で神を賛美する聖歌隊に入っていて、大判の聖歌を持ち歩いていたのだ。

教会員に出会えたなんて奇跡だ。

私は神が教会員に出会わせて下さったと確信した。生ける神との出会いに、私の頭のてっぺんから爪先まで細胞が感動で打ち震えた。

監禁中ずっと気がかりだったことを女性に尋ねた。それは文鮮明師のことだった。

「お父様はお元気ですか？」

「ええ、お元気ですよ」

満面の笑みをたたえた彼女の言葉に、私は心から安堵し神に感謝した。

女性は携帯電話で知人信者と相談を始めた。ところがなにやら雲行きが怪しげで、彼女は思案している。おかしな格好をした信者を名乗る男に路上で声をかけられたなどという話はにわかに信じられないだろうし、電話先の人に私が疑われていたとしてもしかたなかっただろう。

私は「実は、無一文なんです」と困窮ぶりを伝えた。女性は、自分が歩いてきた方向を指さして言った。

「この道を真っすぐ行って、左に曲がると本部に行けますが、歩けますか」

強烈な膝の痛みに顔が歪むほどだった。

「もう歩けません」

「それなら、タクシーを止めましょう」

女性は車道へ向かうと、自動車の流れに向かって手を挙げた。ちょうど通りかかったタクシーがハザードランプを点けて止まり後部席のドアが開くと、彼女は運転手に聞いた。

「統一教会本部を知ってますか」

「ちょっと分からないですね」

女性は運転手に道順を伝え、「ワンメーターの距離だから一〇〇〇円で足りますよね」と言って財布から五〇〇円硬貨を二枚出して渡した。

私はタクシーに乗り込む前に尋ねた。

「お名前は?」

「ご縁があれば、またお会いできるでしょう」

彼女は明るく答えた。

ここまで私を支えてくれた木の棒を歩道に置いて、激しく痛む両膝を押さえながらタクシーに乗り込んだ。監禁されていた一二年余りの期間に、味わうことのなかった人の温かさに久しぶりに触れた気がした。感謝の涙が頬を伝った。女性に頭を下げるとタクシーは走り出した。

運転手は一方通行が多い松濤の道路事情に不案内だったらしく、タクシーは迷路に迷い込んだように同じ場所をぐるぐると巡った。かなり遠回りをして松濤一丁目にある統一教会本部に到着すると、料金メーターの表示が一〇〇〇円を超えていた。

「すみません、持ち合わせがないんです」

「じゃあ、いいですよ」と運転手は言ってくれた。私と女性の様子から、訳ありと事情を察してくれたようだった。

久しぶりに訪れた本部教会を、懐かしむ余裕などまったくなかった。私はタクシーから降りたものの、その場に激痛のためへたり込んでしまった。道路の左端から本部の玄関まで五メートル程を横断しなくてはならない。膝に両手を添えてなんとか立ち上がったものの、目の前を渋谷駅へ向かうタクシーがひっきりなしにやって来るので、なかなか一歩を踏み出せなかった。右手で右膝、左手で左膝を掴んだまま足をゆっくり交互に動かして、なんとか道路を渡り切った。

玄関はシャッターが下りていた。おそらく午後九時近い時刻なのだろう。野宿を覚悟の上、駄目で元々とインターホンのボタンを押した。ほんの少し間があって、シャッターがカラカラと音を立てて開きはじめた。ガラス戸越しに男性の姿が見えた。

私は中に入るなり「すみません、座らせて下さい」と言って受付カウンター前の床に崩れ落ちた。

「どなたですか」

守衛は不審がり、私が何者かを見極めようと目をこらしている。

私は一二年五カ月の顛末を説明したが、守衛には理解し難いものだったのだろう。

「ご両親は東京にいるんですよね。うちではちょっと困るので、ご両親のところに帰ったらどうですか」

まったく話が通じていない。

守衛は困った顔をしていた。

「ほんとうに申し訳ありませんが、立てないんです。なんとかしていただけないでしょうか」

私は懇願するほかなかった。

守衛は困り果てた様子で、受付から電話で上役と思われる人物に指示を仰いだ。

「はい。一三年近く監禁されていたと言っています」と報告した守衛は、電話の途中でこちらに向かって「お名前は何でしたっけ」と聞いた。

「後藤徹と申します」

守衛が受話器を置いた。

「拉致監禁に詳しい方が、今こちらに向かっています。とりあえず中へどうぞ」

信用してもらえたらしい。

立ち上がれずにいると、守衛は手を取って助けてくれた。やっとのことで立った私は、彼に肩を貸してもらいながら、運ばれるようにして待合室のソファーまで行った。

私は無事教会本部に辿り着き、保護されたと実感した。

「夕食は食べましたか?」と守衛に聞かれたので、「いいえ、まだです」と答えた。「ちょっと買ってきますね」と言い残して待合室を出て行った守衛が、レジ袋を提げて戻ってきた。

テーブルにコンビニで買ってきてもらった品々が並んだ。

私は目を見張った。

カツがのせられたカレー、甘いあんパン、温かな肉まん、毎日喉から手が出るほど食べたかったフルーツヨーグルトと、テーブルの上に並んだ品々は私が監禁中、飢え苦しむ眠れぬ夜に夢想していた「ベスト・オブ・メニュー」だった。

あの二日間にわたる「カレー地獄」の苦しみ、指をくわえて眺めていたフルーツ入りヨーグルトの恨みが一気に氷解していくようだった。

私の心に声ならぬ声が胸に響いた。

「よくがんばったね。さあ、思いっきり食べなさい」

私は神に感謝を捧げ、あまりの嬉しさに涙を流しながら、一品、一品を味わっていただいた。

久しぶりの満腹感にほっと一息ついたとき、守衛から連絡を受けた本部の役員が到着し待合室に入ってきた。本部広報部長（当時）の太田朝久氏だった。

太田部長は私の前に座ると心配そうに私を見つめた。

「ほんとうに、よく帰ってこられましたね」

太田部長は、守衛から連絡を受けて私のことがすぐ分かったという。

一一年前にあたる一九九七年、「鳥取教会襲撃事件」と呼ばれる拉致監禁被害の中でも極めて凶悪な事件が発生した。

この事件の被害者で当時三一歳だった富澤裕子さんが統一教会の支部教会である鳥取教会にいたところ、白昼堂々父親をはじめ十数人がスタンガンや鉄バール、チェーンを持って乱入してきた。彼らは止めに入った教会職員らに暴行を加え、抵抗する富澤さんを男数人が担ぎ上げて、車に押し込み拉致した。

一九九八年三月、富澤さんが監禁されていた大阪のマンションに、東京から元信者二人を引き連れて宮村峻氏が訪ねてきた。ちょうど宮村氏が私の脱会説得のためフラワーマンションを頻繁に訪れていた時期の出来事だ。富澤さんの脱会説得を行っていたのは、キリスト教神戸真教会の高澤守牧師だったが、説得に手こずっていたため宮村氏が加勢したのである。

富澤さんは、一年三カ月余りの監禁を経て一九九八年九月に脱出した。脱出からほどなくして、心身のケアのため上京した富澤さんは、拉致監禁問題を担当していた太田部長と面談した。

富澤さんは、監禁中ずっと頭から離れなかった宮村氏から聞いた話を太田部長に伝えた。宮村氏が、「説得し始めて二年半になるのが東京にいて、言うことを聞かずに、未だに抵抗している。後藤という奴だ」と語ったというのだ。

そして富澤さんは次のように言った。

「この話を聞いてから半年になりますから、監禁からもう三年になっているはずです。後藤さんから脱会届が来ていなければ、今も監禁され続けています」

三年も監禁され続けている教会員がいると聞いて衝撃を受けた太田部長の胸に、「後藤」という名前が刻み込まれた。

守衛から電話で「一三年近く監禁されて、解放されたと言っています。名前は後藤――」と伝えられた瞬間、太田部長は富澤さんが語った話を思い出したのだ。

富澤さんが脱出した一九九八年の三年前といえば、一九九五年。今、二〇〇八年なので一三年監禁されたなら、監禁が始まったのは一九九五年。こうして富澤さんの証言と守衛の報告が合致したとき、太田部長は電話口で守衛に向かってこう叫んだという。

「間違いない。その人は怪しい人ではありません。本物です。中に入れて助けてあげて下さい」

守衛が電話をかけた先が太田部長だったのは、私にとって松濤の路上で女性信者に出会ったことに次ぐ幸運だった。

私は太田部長に一二年五カ月間の経緯を伝えた。何度も襲ってきた耐え難い試練に際して、神が介在して守り助けられたくだりを話すと、私は感極まってしまい絶句して涙が流れ、そのたびに話を中断せざるを得なかった。

太田部長は私の話にじっと耳を傾け、注意深く様子を観察していた。部長がもっとも心配していたのは私の精神状態だった。監禁から脱出した多くの信徒と面談してきたので、拉致監禁が人の心にどれほど深刻な爪痕を残すかを熟知していた。ドアのノックに怯え、監禁を思い出すだけで腰を抜かし、恐怖に震えて失禁してしまう拉致監禁被害者を目の当たりにしてきたのだ。拉致監禁のトラウマに悩まされる人々の、明らかなPTSD（心的外傷後ストレス障害）の症状だった。

私の話を一通り聞いた太田部長は、私が精神に異常をきたしてはいないと判断したようだった。

太田部長が教会本部に到着して間もなく、部長から連絡を受けた本部総務局の近藤と名乗る拉致監禁問題に精通する人物も到着した。近藤氏は私が最初に監禁された一九八七年に、荻窪栄光教会に監禁されていて、当時私や私の家族とも会ったという。特に私の兄とはよく話したというが、私には微かな記憶しかなかった。

太田部長と近藤氏の求めに応じて、あらためて一二年五カ月の体験を事細かく話した。話を聞いてくれる人などまったくいなかった私は、心にため込んだ思いの丈を二人に向かって一気に語った。

壁に掛けられた時計を見ると、午後一一時を回っていた。太田部長が「そろそろ休みましょう」と言った。行く当てのない私は、待合室の隣にある和室に泊まることになった。

私は膝に激痛が走り立ち上がることができず、両脇から太田部長と近藤氏に抱えられるようにしてなんとか和室まで行き横になった。ところが、トイレにすらまともに行けないありさまだった。様子を見ていた二人は、私が一人で教会本部に泊まるのは難しいと見ただけでなく、一二年を超える監禁生活で重大な疾患を抱えているかもしれないと心配した。

そこで私は近藤氏に背負われてタクシーに乗り、豊島区にある一心病院の夜間診療へ向かうことになった。

反撃開始

病院に到着すると、車椅子が準備されていた。

私を診てくれたのは、当直の男性内科医だった。服を首の位置までたくし上げた私を見て、医師は「ずいぶん痩せてますね」と言いながら胸や背中に聴診器を当てた。「足はどうされましたか」と尋ねるので私は事情を手短に話した。

「体重を量ってみて下さい」と言われたものの、車椅子から一人では立てなかったので、看護師に支えられながら体重計に乗った。支えられていないと倒れてしまうため、看護師が手を離したわずかな隙に計測すると、体重計に三九・二とデジタル表示された。これには後日談があり、私が体重計に乗った際に数値が落ち着くまで立っていられず、すぐ降りてしまったため軽めに出た数値だったらしい。この時の体重は推測の域を出ないが、五〇キログラムを切るくらいだったのではないか。そうだったとしても身長一八二センチの私にとっては、ＢＭＩ一六未満で痩せすぎである。

当直医に「極端な、るい痩（やせ衰えること）」「歩行不能のため入院が必要」と診断され、緊急入院することになった。その後の診察と検査で、栄養失調、貧血、全身筋力低下、廃用性筋萎縮(筋肉を使わないために筋肉組織が退化して小さく弱くなった状態)と、診断されることになる。

診察室から四階病棟四〇五号室に移ったのは午前一時四〇分だった。

四〇五号室は、ベッドが六床ある大部屋だった。他の入院患者が寝静まった病室に車椅子で運ばれ、歩行が不自由なのでポータブルトイレが用意された。

いつもならとっくに寝ている時間だが、興奮してなかなか寝つけなかった。昨日までとまったく異なる環境で寝ていることが不思議な感覚だった。半日前は、まだマンションの中だった。マンションを追い出されたというのに、病院のベッドで寝ているのが奇跡としか思えず、神が導いておられるのを肌で感じた。体はつらいが、心の奥底から込み上げる解放感と神に愛されている実感から、心は喜びで満たされ、どうしても顔が笑み崩れてしまう。緊急入院して笑っている患者は異例中の異例だろう。

さすがに疲れていた私はいつの間にか眠りにつき、この日の朝は久しぶりに気分よく目覚めた。看護師が笑顔で「気分はどうですか」と声をかけてくれ、検温を済ませ朝食をとり、これまでとまったく異なる日常が始まった。

午後になって太田部長が病室を訪ねてくれた。

「具合はどうですか」

「足は相変わらずですが、気分はいいです」

太田部長はビニールに入った新品の下着と封筒を差し出した。

「これ、本部からです。とりあえず当面の生活ができるようにと」

封筒を開けると、いくらか現金が入っていた。

「何から何まですみません。ありがとうございます」

「何か困った事があったら遠慮なく言って下さい。また来ます」

私は心遣いに感謝した。

午後九時。消灯の時間になり、大部屋の照明が落とされた。

監禁中の私は、午後一一時頃に寝ていたのでさすがに眠りにつけず、ベッドの上で物思いに耽《ふけ》った。

解放された日の朝まで早朝祈祷を続けて、神から与えられた多くの恩恵はかけがえのない貴重なものだった。お陰で私の家族への怨恨の情念は、かなり浄化されていた。精神に焼き付いた、家族に対する恐怖の思いは未だ拭えなかったが、憎んだり恨んだりする気持ちはだいぶ落ち着いていた。それよりも、祈りの中で感じた、監禁する者たちさえをも包み込む神の愛に圧倒されていた。

眠れないまま日付が変わり、二月一二日になった。午前一時を過ぎたあたりで、一つの思いが湧いた。

眠れないなら祈祷をしよう。

私は祈りの姿勢に入った。いつものように背中を壁にもたせかけ、痛くてあぐらをかけないので足は前に投げ出した。

こうして無事解放され自由を得た私は、これから何をすることが神の願いなのか、率直に尋ねようと思った。

私は同室にいる入院患者の迷惑にならないように、小さな声で祈った。

「天のお父様、私はどんな歩みをすればいいのでしょう。何があなたの願いなのでしょう。どうか、私に教えて下さい」

するとどうもいつもの早朝祈祷とは違う感覚が迫ってきた。地鳴りのような、ものすごい感情が押し寄せてくるような感覚だった。私は言葉を止め、意識を天に向けた。それは怒りの波動だった。今までに経験したことのない祈りの体験に私は戸惑った。

声ならぬ声が怒濤のように私の心に響いてきた。

「反撃開始だ。敵を叩きつぶせ」

衝撃的だった。今までの祈りでは体験したことのない怒れる神。私は長期監禁で気付かないうちに精神が錯乱してしまったのではないか。

私は神に問うた。

「天のお父様、それでは私は何をすればいいのですか」

「訴えろ。裁判を起こせ」

私は、戸惑い、狼狽えた。

信仰や祈りの経験がない人々は、私の体験を「そんなものは自分の願望が投影された主観的な思いにすぎない」と一笑に付すかもしれない。なんらかの宗教を信じていても同じように思われるかもしれない。あるいは、自分の都合のいいように神を利用していると思われるかもしれない。

統一教会を異端視するクリスチャンは「それは悪霊の働きだ」と言うのではないだろうか。

たとえ、そう思われたとしても、これは私が体験した真実なのだ。

午後になって、近藤氏が見舞いにきてくれた。

「近藤さん、私、何かおかしくなってませんか」

私は未明の衝撃的な祈りの体験を語り、もしかしたら長期監禁で精神が錯乱しているのではないかと尋ねた。

「別に普通だけど」と答えてくれた近藤氏が、「もしかするとほんとうに神からのメッセージかもしれないので、またよく祈ってみたらいい」とアドバイスをくれた。

この日も未明に祈ると、結果は同じだった。

祈りの中で例の聖書の一節が浮かんだ。

「強く、また雄々しくあれ。あなたがどこへ行くにも、あなたの神、主が共におられるゆえ、恐れてはならない、おののいてはならない」

私は、これが神から私へのメッセージだと受け止めた。

翌二月一四日、私は祈りの中で神のみ意に応えるべく神に誓った。

この日、私は法廷闘争に臨むことを決意した。

許せない理由

「私たちがしなければいけないことは、『あなたの敵を愛する』ことです。私たちは、敵に復讐しようとしてはいけません。敵を滅ぼそうとしてはいけません。敵を愛することによって、彼らを解放しようとしています」

私は文鮮明師の説教集の中でも、特にこのみ言が好きだった。説教集『御旨と世界』の中には、「レバレンド・ムーン（文鮮明師の英語名：Rev. Sun Myung Moon）の哲学は非常に単純です。原理は非常に単純です。怨讐（敵）を愛するという姿勢をもち、実践するという一つの原理によって、あなた方はどんなものをも克服できるでしょう。どんな障害も、あなた方の前に立ちはだかることはありません」ともある。

新約聖書の中で、イエス・キリストは「敵を愛し、迫害する者のために祈れ」と弟子たちに命じられた。さらに、十字架で処刑されながらも自分を殺害しようとするユダヤ人に「父よ、彼らをおゆるしください」と祈り、ユダヤ人の罪を神にとりなした。文鮮明師の説く「怨讐を愛する愛」とは、まさにこのイエス・キリストが示された愛にほかならない。

文師は自分を迫害する相手に対しても、恨まず、憎まず、復讐しないで愛し抜きなさいと説かれた。本書でも今まで何度か登場した「怨讐を愛せよ」である。

文師は第二次世界大戦終結直前に、現在の韓国ソウルで共産党のスパイ容疑をかけられ、仲間の名前を吐かせるための残酷な拷問を受けた。しかし、文師は拷問する人々を赦し、かえって彼らの福を祈られた。

この京畿道警察部の人々は、終戦とともに追われる立場になったが、彼らが無事日本に帰国できるように手を差し伸べたのも文師だった。

終戦後、文師は現在の北朝鮮で伝道活動に力を注がれたが、無実の罪で投獄され強制収容所に収監された。過酷な労働と飢えにより囚人たちが次々と死んでいく中、文師は二年八カ月間耐え抜き重労働に従事した。そして一九五〇年に勃発した朝鮮戦争で逃走を恐れた看守から殺害される間際に、収容所から解放され九死に一生を得ている。

この経緯から文師にとって北朝鮮と金日成主席はまさに「怨讐の中の怨讐」と言えるが、師は金日成主席と北朝鮮のために心血を注いでこられた。

文師はその生涯において無実の罪で何度も投獄され、死線を彷徨ったことも一度や二度ではない。その人生を一言でいえば「奇跡の生涯」だ。奇跡はなぜ起こるのか。文師によれば、生ける神が守り導き助けて下さるからであり、さらにはいついかなる時でも、どのような理不尽な仕打ちを受けても文師が神の願いに生き、怨讐を愛してこられたからだという。

私はこの文師の貴い人生哲学に倣おうと意識した。

たとえいかなる理不尽な仕打ちを受けても、相手を憎んだり恨んだり、ましてこちらから暴力を振るうことは絶対にしまいと心に決めていた。怨讐を愛する文師を神が守り助けられたように、自分においても怨讐を愛することが神の願いであり、神が私の心身を守ることのできる砦であると信じていた。

だが、簡単なことではなかった。

マンションの一室に閉じ込められて、心の中にある命よりも大切な信仰対象を寄ってたかって攻撃される。理不尽な拉致監禁という不法行為に激高して抗議すれば、一斉に嘲笑と罵声を浴びせられる。逃走を試みれば監禁現場は修羅場と化し、血が流れ青アザだらけになる。

このような異常な環境に晒され続けた私の心には、経験したことのない身震いするほどの怒りや憤り、さらに死にたくなるほどの孤独、恐怖、絶望、なにより自由を奪う者たちに対する憎悪が波状攻撃のように襲ってきた。

すると悲しいかな「怨讐を愛する」という高貴な愛が自分の中にまったくないことを痛感するようになった。愛するどころか、恨みの感情を取り除くことで精一杯なのだ。それも少しでも油断すると、とぐろを巻いた蛇が鎌首をもたげるようにどす黒い怨念が心の中にぬっと湧き上がってくる。そのたびごとに私は呪文を唱えるように文師のみ言を口ずさみ、その生涯路程に思いを馳せた。そして、神にすがりつくようにして祈った。

あの監禁の極限環境に置かれながら、私の心が壊れてしまわなかったのは、神への祈りと文師のみ言をもって恨みや憎しみを心から排除する、その努力が功を奏してきたからだと思う。

一方で、拉致監禁を手段とした強制棄教は、絶対に許されない人権侵害であり犯罪行為だ。

監禁現場は、密室となり無法地帯になる。ここでは強制的な説得だけでなく、暴力が振るわれることもある。命よりも大切な信仰が逃げ場のない密室で強制的に剥奪される恐怖と苦しみは言語を絶する。例えば自殺に追い込まれた二七歳の女性がいた。監禁場所から脱出しようとして六階のベランダから転落し瀕死の重傷を負った末に記憶喪失になった二五歳の男性もいる。脱会説得の専門家によってレイプされた女性もいた。監禁解放後も心に傷を負い、ＰＴＳＤを発症する被害者も少なくない。

一九六六年に森山諭牧師が「統一教会は異端」という動機で強制棄教を始めて以来、四三〇〇人もの信者が拉致監禁、強制棄教の被害に遭ってきた。自由と民主の法治国家であるにもかかわらず、である。少なくとも私が祈り、信じる神は怒っていた。悪に対しては決して許さず、徹底的に戦え、と。

第四章——取り戻すための戦い

再出発と刑事告訴

「後藤隊長が監禁から生還した」

かつて共に歩んだ信仰仲間が次々と病室にやって来た。私が一二年五カ月ぶりに監禁から解放されたと、瞬く間に知れ渡ったのだ。これは驚愕と歓喜の嵐と表現するほかない勢いだったそうだ。

仲間は年齢相応に顔貌が変わっていたが、見覚えのある懐かしい顔が連日、入れ替わり立ち替わり現れた。皆が心の中で包みきれない喜びを満面に浮かべつつも、変わり果てた私の姿に困惑していた。そして、私が彼らの前から姿を消してから何があったのか体験を語ると、感極まって涙を流す人が多かった。こうした信仰仲間の嘘偽りのない気持ちと温かい言葉と涙は、息も凍るような冷たい人間関係に晒され続けてきた私の心に、深々と染み入るのだった。

たくさんの信仰仲間が駆けつけてくれた中、統一教会信者ではない人物が総務局の近藤氏と共に訪ねてきた。監禁から解放された三日後のことだ。

近藤氏が私の元に来て言った。

「後藤さんを是非お見舞いしたいという方が来てるんだけど、会ってみる？」

「どなたですか」

「拉致監禁問題を取材しているルポライターなんだけど」

ルポライターと聞いて、私はぎょっとなった。これまで統一教会はマスコミから散々叩かれていたので、教会に関心を持つルポライターといえば批判的な立場の人物に違いないと思ったのだ。

「その人、大丈夫なんですか」

「まあ、会ってみれば分かりますよ。いろいろ話を聞きたいというので、会議室を取りました」

近藤氏はいたずらっぽい表情で言った。

私はベッドから車いすに移ると、近藤氏に押してもらい病院五階の会議室へ移動した。

会議室は二〇畳ほどのがらんとした部屋で、長机と椅子がいくつか置いてあるだけだ。

「後藤さんですね。米本和広と申します」

小柄な初老の男性は、人なつっこい笑顔で箱包みを私に差し出した。

「お口に合うか分かりませんが、よかったらどうぞ」

一見してチョコレート菓子だと分った。監禁中は決して口にすることができなかったチョコレートは喉から手が出るほどほしい菓子だった。菓子などを急に食べることを控えるように看護師から言われていたが、それでもこの一箱を全部食べられると思うとワクワクした。

長机を挟んで座った米本氏は私の容体を心配したあと、「一二年も監禁されていたと聞きました。大変でしたね。お話を聞かせていただいてもいいですか」と言った。

私の話に耳を傾けてから米本氏が言った。

「すみません、できたらちょっと服を脱いでもらえませんか」

突然の申し出に戸惑ったが、会議室には三人の他に誰もいなかったので、私は上半身だけ下着の半袖シャツ一枚になった。

「シャツも脱いでもらえますか」

言われるままシャツを脱いだ。米本氏の目が私の体に釘付けになった。

「写真を撮ってもいいですか」と言ってから、カメラを持っていなかった米本氏は近藤氏に尋ねた。

「近藤さんの携帯電話、カメラ付いてますよね。貸してくれませんか」

近藤氏から携帯電話を受け取ると、米本氏はレンズを私に向けた。

「こんな感じで、手を真横に広げてもらえますか」

米本氏自らポーズを取って示し、何枚か写真を撮った。

「ズボン、脱いでもらえませんか」

「ズボンもですか」

一瞬躊躇したが、ジャージのズボンを脱いでパンツ一枚の姿になった。すると、米本氏は小さな声でうめくように言った。

「これはひどい」

棒のように細くなってしまった足に驚いたようだ。さながらモデルにポーズをとらせるカメラマンのように米本氏が矢継ぎ早に指示を出す。

「この椅子の上に足を置いてみてもらえますか」「手を上に挙げてみてもらえますか」

様々なポーズにアングルを変えてシャッターを切っていく。

「できたら、立ってみてもらえますか」

自力で立てなかった私は、近藤氏の手を借りてなんとか立ち上がったが、膝に激痛が走りポーズは数秒ともたなかった。米本氏はタイミングを計って、私の精一杯の立ち姿を携帯カメラに収めた。

事実を見極めようと撮影した米本氏の写真が、後に裁判闘争で重要な証拠となるのだが、この時はまだ写真として記録される意味を理解できなかった。

後に私は、米本氏が新宗教を専門分野にして実績のあるルポライターなのを知った。批判的な立場からの取材が多かったものの、統一教会信者に対する拉致監禁問題に関心を抱き、拉致監禁と強制棄教を題材にした単行本執筆のため取材をしていたのだという（この書籍『我らの不快な隣人』は二〇〇八年七月に発行された）。そして長期監禁から解放され緊急入院した信者がいるとの情報を聞きつけ、いち早く病院に駆け付け、私を取材したのだった。

神からの怒りのメッセージに触れて考えが変化した私は、刑事告訴を考えていると近藤氏に伝えた。

「あの人たちを訴えようと思っているのですが、どうすればよいでしょう」

「訴えるというのは、刑事告訴ですか」

「はい」

「それは、よく決断をされましたね」

「神様からの強烈なプッシュもありました」

近藤氏が刑事告訴から裁判を経て判決へ至る流れを説明し、話題は自ずと誰を訴えるのかに焦点が当てられた。対象者は宮村氏、松永牧師、母、兄、兄嫁、妹になる。これらの人々について語り合う中で、幼い時から母にとても愛されていたことを口にすると、近藤氏が静かに言った。

「後藤さん、耐えられるかな」

「どういうことでしょうか」

「刑事手続きが進んで起訴となれば、被告人席にお母さんを立たせることになります。被告人席のお母さんの目の前で、きちっと証言できますか」

私は、即答できなかった。

「それだけではないですよ。有罪判決となれば、お母さんはじめ家族が犯罪人となって刑務所に入る可能性もあります」

親兄妹を刑事告訴するとは、そういうことなのだ。

刑事裁判がたどる流れを、具体的な場面として突きつけられた私は自分でも意外なほど動揺した。母が、家族が被告人席に立たされる様子は、想像するだけで胸が締め付けられる。多くの拉致監禁被害者が裁判沙汰にできなかったのは、親兄弟を訴えることに強い抵抗感がともなったからだろう。

気付くと、私は腕組みをして大きなため息をついていた。これでは、あらためて刑事告訴をすることの意味を考えなければならない。

家族は私のためを思い、愛情から、良かれと思って拉致監禁を行ったのだろう。そもそも拉致監禁は家族の発案ではなく、家族が相談した松永牧師や宮村氏の考えであり、彼らから教唆された結果だ。過去に何千件もの成功例があり、統一教会信者を脱会させるためなら拉致監禁をしても犯罪にはならないと、家族はたかをくくったとしか思えない。

しかし、拉致監禁で脱会を迫るのは、たとえ親兄妹であっても、信教の自由を侵害する逮捕監禁と強要であり明らかに法に抵触する犯罪行為だ。私をマンションの一室に閉じ込めて棄教を迫ったのは犯罪行為であると、家族にはっきりと理解してもらわなければならない。このことを曖昧にしたままで、家族との関係回復はあり得ない。

これは自分と家族だけの問題ではない。私が閉じ込められていた間にも、多くの統一教会信者が拉致監禁の被害に遭っていた。バブル景気時代は拉致監禁バブル期で、その後も加害は続いている。もし私が声を上げなかったら、被害を根絶できないのではないか。なにより神が戦うことを強く望んでおられる。

私は近藤氏にきっぱりと言い切った。

「大丈夫です。私が途中でぶれることはありません」

こうして私は刑事告訴のため陳述書の作成に取りかかることになった。また入院から一〇日ほど経って、私の身体状況と証言から事件性を察知した入院先の病院が最寄りの巣鴨警察署に通報していたので、状況が急展開した。

刑事告訴を行うため、私は統一教会本部から弁護士を紹介してもらった。東京地方検察庁の検事出身で、刑事事件に精通している福本修也弁護士だ。

三月下旬、自力での歩行が可能になると、私は入院中の病院から千代田区麹町にある福本弁護士の事務所に面談に行った。ヤメ検らしい切れ者。これが私の福本弁護士への第一印象だった。

私が拉致監禁の経緯をかいつまんで話すと、福本弁護士は驚嘆して言った。

「よく一二年も耐えられましたね。その精神力には感服します」

この日、事実関係を時系列でなるべく詳しく書き出しておくように福本弁護士から指示を受け、いよいよ私は刑事告訴への準備段階に入った。

いっぽう体調も、だいぶ回復していた。

入院から約二週間で膝の痛みが和らぎ、三月に入ると松葉杖をついて自力で歩けるようになった。質素な病院食といっても、監禁中の食事と比べるとはるかに量が多く、おかずの種類も豊富だった。おかげで体重が徐々に増え、廃用性筋萎縮と診断された棒のように細くなっていた足もリハビリを通して少しずつ筋肉が付いてきた。

三月三一日、私は退院した。五〇日間の入院生活を終えると体重は六五キログラムまで戻り、完全に体が快復したわけではなかったが、ゆっくりと時間をかければ階段を上り下りできるまでになった。

だが、いざ社会生活に復帰するとなると、監禁前とは自分自身も、自分を取り巻く環境も大きく変わり、病室を出て住まいを探すところから私はつまずいた。

アパートを借りて住もうにも、社会的な信用を失った立場では契約が難しかった。なんとか知人の紹介で都内のアパートを借りられたものの、次は仕事探しの壁が立ちはだかった。履歴書を書こうにも一二年五カ月間が空白で何も書けない。運転免許も失効していた。これではあらためて免許を取るところから始めなくてはいけないのかと頭を抱えていたとき、「監禁に耐えた精神力はすごい。うちの会社でがんばってほしい」と言ってくれる会社経営者との出会いがあった。私が失ったものを評価してもらえたのは、不幸中の幸いだった。

戸惑ったのは、これだけではない。

監禁中の生活が影響してか、監禁前には一・五あった視力が〇・二まで落ち、裸眼では生活がおぼつかなくなっていた。そこで眼鏡を買おうと久しぶりにＪＲ山手線に乗ると、乗客が揃いも揃って手元を凝視しながら懸命に指を動かしている。彼らは携帯電話でメールを打っていたのだ。

私が監禁された一九九五年に携帯電話がなかったわけではないが、使っているのは一〇〇人のうちせいぜい数人といったところだったはずで、身の回りに使用者はいなかった。ところが監禁から一二年後に解放されたら、ほとんどの人が携帯電話を使っていた。この間の変化を知らない私には、複数の人が同じような姿勢をとって携帯電話でメールを打っている姿が異様に見えたのだ。

駅の改札口を通るときも驚いた。目の前の人が改札ゲートの上側に何かをかざし、そのまま通り抜けて行った。ＩＣカードのＳｕｉｃａと、自動精算だった。便利になったものだと、私は技術の進歩に感嘆した。

パソコンの普及もそうだ。一九九五年、パソコンは多くの人にとって会社の専門的な部署か経理にある機械にすぎなかったのではないか。マイクロソフトのウィンドウズ95が発売されたのは、私が自宅で拉致された二カ月後なので、ヒット商品になったことさえ知らなかった。だが監禁から解放された後に信仰仲間に聞いてみると、多くの人がパソコンを当たり前に使いこなしていたのだ。

社会復帰に向けて生活を始めてみると、三一歳から四四歳まで社会と断絶されたブランクを痛感し、幾度もショックを味わった。まるで浦島太郎だった。私は焦る気持ちを抑えつつ、次々と突きつけられる難題を一つ一つ克服していくしかなかった。

退院して間もない四月初旬、巣鴨警察署が案件を荻窪警察署へ移送する決定を下したと病院に連絡が入り、私へは移送前に簡単な事情聴取をしたいと申し入れてきた。

四月八日、私は病院の会議室で巣鴨警察署の刑事課警部から事情聴取を受けた。事情聴取が初めてだった私は緊張したが、温厚そうな警部は気さくに話し始めた。

「大変な目にあわれたようですね。ほんとうに気の毒に思います」

警部はまず、最後の監禁場所となったフラワーマンションが荻窪警察署の管轄区域なので移送する必要があると、案件が巣鴨警察署の手を離れる理由を説明した。

「荻窪署が本件をどのように扱うか分かりませんが、このように家族が関わっているケースは、一般的に言ってかなり難しいことを知っておいて下さい」

「難しいというと、告訴がですか」

「あくまで一般的な話ですが」

民事不介入とでも言いたいのだろうか。だが、家族がやったことは刑法二百二十一条「逮捕・監禁致死傷罪」に該当する犯罪行為のはずだ。

言いたいことはあったが、巣鴨警察署の手を離れるのが決まっているとあって、警部に要望するのは筋違いと思い話を聞くだけで面談を終えた。

四月下旬、案件が巣鴨警察署から荻窪警察署に移送された。

六月になり、荻窪警察署に「逮捕監禁致傷」「強要未遂」の罪で告訴状を提出した。被告訴人は、会社社長の宮村峻氏、新津福音キリスト教会牧師の松永堡智氏、そして母、兄、兄嫁、妹の合計六人である。

証拠として、私の陳述書、医師の診断書、米本氏が撮影した監禁解放三日目の痩身写真などを提出した。

しばらくして荻窪警察署から福本弁護士に連絡があった。

「この件は被害者の家族が関わっているため、慎重に取り扱う必要があります。まず我々は後藤徹氏の母親から事情聴取を行います。その後、結果をお知らせします」

荻窪警察署は告訴状をコピーして原本を返却してきた。

告訴の受理を一旦保留して検討すると伝えてきた荻窪警察署は、六月末から捜査を開始した。

八月になって荻窪警察署が告訴状を正式に受理したので、私は同署に出向いて事情聴取を受けることになった。荻窪警察署はJR荻窪駅からバスで一〇分ほど先の青梅街道沿いにある。監禁現場のフラワーマンションから西へ二キロメートルほどだ。

私は刑事課に案内され、数人の警官が仕事をしている横を通り抜け、さらに奥の三畳くらいしかない狭い部屋に通された。そこは事務机の上にパソコンとプリンターが置かれているだけの殺風景な部屋で、刑事ドラマに出てくる取り調べ室そのものだった。警部に促されて椅子に座ると、早速事情聴取が始まった。

色白でガッシリした体格の壮年男性が、担当警部だった。私の緊張をほぐすためか、努めて気さくに話しかけているようだった。質問に私が答えると、その場で警部がパソコンに打ち込む。書面が一通りでき上がると、パソコンに打ち込んだ文書をプリントアウトして警部が読み上げた。間違いがなければ署名捺印をして、この書面が供述調書になる。

供述調書は重要な証拠になる。拉致監禁について正確に語らなければならないが、事情聴取に弁護士も付添人も同行できないためとても緊張した。だから記憶をたどりながら慎重に言葉を選んだ。しかし警部の質問に的確な言葉で返答することは簡単なことではなかった。一二年以上にわたる期間を振り返るのだから、記憶の細部が曖昧になっている出来事もあった。署名捺印して調書を完成させて荻窪署から帰るバスの中、「あそこはちょっとニュアンスが違ったかな」と後悔したこともあった。署名捺印して完成された供述調書は、訂正できないのだ。

一回につき一時間半から二時間くらいの事情聴取と供述証書の作成のため、私は一〇回ほど荻窪警察署に通った。それだけでなく、フラワーマンションの前に半年ほど監禁されていたマンションを特定する必要もあった。夜間に移動させられたので、私は建物の名前だけでなく場所さえ知らなかったのだ。

警部に連れられて行ったのは、JR荻窪駅周辺のマンションだった。

「このマンションですか」

「違う気がします。壁にパイプのようなものがありません」

監禁中に窓から壁の一部が見えた。ベランダ側の外壁に鉄パイプが縦方向に通っている独特のデザインだった。

「ではこちらへ」

促されるまま一分ほど歩いた所にあるマンションを、警部は指し示した。

「どうですか」

「これです」

室内から一部分しか見えなかった外壁が、目の前に全貌を晒していた。部屋は六階の六〇五号室。

これでマンションの確認作業が終わった。

家族を取り調べてマンションを特定済みのはずなのに、無関係な建物へ案内したのは、私の記憶の確かさを計る目的だったのだろうと思った。


事情聴取を受けながら、私は証拠不足を感じ焦っていた。

刑事事件で起訴へ持ち込むには、客観的な物証が重要になる。

八〇四号室の押し入れには、監禁状況を綴《つづ》った日記形式のメモがある。メモには脱出を試みて暴力で押さえつけられた状況が詳しく書いてあった。しかし、身ひとつで放り出された私の手元に物証は何もなかった。

家族は宮村氏や松永牧師とやり取りした記録や書面など拉致監禁を立証する物証を捨て去る可能性があるのだから、彼らの身柄を確保して強制捜査を行ってほしいのだが、任意の事情聴取しかしていない。警察が被告訴人たちを逮捕し、家宅捜索する気配はなかったのである。

私の事情聴取及び調書作成と同時並行して家族をはじめ被告訴人たちの取り調べと調書作成を

行っていたようだが、任意の事情聴取にすぎなかった。このままでは証拠隠滅や口裏合わせを行われて、真実が闇に葬られてしまうのではないか。

こうした日々を送る私を勇気づけてくれたのはやはり仲間たちだった。

私の事件を知って憤りを覚えた人たちの間で、拉致監禁撲滅の機運が高まっていた。二〇〇八年七月からはJR荻窪駅北口に仲間が集い、街宣活動が行われるようになった。事件現場近くで拉致監禁の実態を知ってもらおうという試みだった。横断幕を掲げ、事件の概要が書かれたビラを配り、拡声器で道ゆく人に訴えたのだ。

一〇月になると、拉致監禁による強制棄教の根絶を目的とした市民団体『拉致監禁をなくす会』が発足した。荻窪駅頭での街宣活動は、以後二年以上にわたって続けられた。

話にならない決定

彼女はいったいどうしているのか。

監禁中も、解放されてからも、私は婚約者Bさんのことが気がかりだった。

教会本部にBさんの消息を調べてもらうと、すでに結婚し家庭を築いて子供もいるという。彼女は「必ず帰ってきますから。信じて下さい」という私の言葉を信じて、帰りを待ち続けていた。

だが三年半の歳月が流れ、三四歳になると決断を迫られた。このままでは妊娠、出産の適齢期を過ぎてしまう。周囲からも高齢出産を危惧されるようになり、私との結婚を諦めたのだった。

私が監禁から解放されたと知ったBさんが、「ほんとうに良かった。すごいことです」と喜んでいるのを人づてに聞いたときは、彼女の消息とともに、この一言が知れてほっとした。

その後、二〇〇八年の秋に新たな出会いがあった。私は紹介された女性と合同結婚式に参加し、年末に入籍して一緒に暮らし始めた。四〇代半ばにして、ようやく家庭を持つことができたのである。

名実ともに新しい暮らしが始まったばかりの二〇〇九年二月二日、荻窪警察署は私の事件を東京地方検察庁に送検した。

九日、初めて東京地検へ出向く日、事情聴取を担当した荻窪警察署の警部と待ち合わせをした。東京地検は東京都千代田区霞が関の官庁街にある。地下鉄丸ノ内線の霞ケ関駅で降り、地上に出て少し歩くと東京地検が入る合同庁舎が見えた。想像していたよりもはるかに巨大なビルだったので圧倒された。

正門前で警部が待っていた。

「久しぶりですね。お元気でしたか」

私は挨拶を返し、挑みかかってくるような合同庁舎を見上げた。

「ここが東京地検なんですね」

「さあ、行きましょう」

警部と共に受付を済ませ、事情聴取される部屋がある階と部屋番号を確認した。

「それでは、私はここで」

「いろいろお世話になりました」

警部とはここまでだった。

教えてもらった部屋に入ると男性が二人いた。年長の男性が立ち上がって言った。

「後藤徹さんですね」

「はい」

「こちらへどうぞ」

この男性が検事だった。

「警察でも事情聴取を受けられたので要領はお分かりだと思いますが、こちらでも調書を作成します。警察の質問と重複することもあると思いますがご了承下さい」

検事は威厳があり冷徹な印象で、淡々と事情聴取を進めていく。もう一人の男性は、やりとりをパソコンに打ち込む。こうして三月三一日に終了するまで、東京地検での事情聴取が繰り返された。

日本の刑事裁判の有罪率は九九・九パーセント。起訴されたら、ほぼ有罪になる。この事実を何度も噛み締めた。

監禁解放から一年半が過ぎた二〇〇九年八月、統一教会の支部教会で拉致監禁撲滅のための運動と啓蒙集会が行われるようになった。この動きは一〇月まで続き、北は北海道から南は宮崎まで私は日本各地を巡回して自身の拉致監禁の被害体験を語り、問題解決への協力を呼びかけた。

一九六六年以来、四三〇〇件もの拉致監禁と強制棄教の被害があった。これまでも様々な取り組みで、一九九二年の三七五件をピークに拉致監禁の件数は減少していたが根絶には至っていなかった。統一教会の信者であれば、自分が拉致監禁の体験がなくても、身近な信徒仲間が被害に遭って心を痛めた経験を持つ人がほとんどだ。私が行く先々で、あらためて拉致監禁被害の酷さに触れた人々が怒りを爆発させ、会場は異様な熱気に包まれていた。

拉致監禁撲滅運動の波は海外へも広がった。九月、私はアメリカへ飛んだ。ニューヨーク、シカゴ等でキリスト教の牧師や人権活動家と会い拉致監禁の実態を訴えて啓蒙活動を行った。二〇〇九年八月からは韓国ソウルで啓蒙集会が行われ、私は一二月に韓国へ渡ると一二都市を巡回して自身の体験を伝えた。

この年の一二月、物証に不安を抱いていた私に朗報が舞い込んだ。ある女性信者が、フラワーマンションに監禁されている私を目撃したというのだ。

この女性信者は、親族によってフラワーマンションの五階に監禁されて脱会に追い込まれた。そして棄教した元信者として、同じマンションの八〇四号室にいた私の元に宮村氏や他の元信者と共にやって来た。このため、そこで私がどのように監禁されていたか、いかに脱会強要されていたか証言できるという。この人は紆余曲折あって再び統一教会に戻ってきて、私が解放されたのを知り「あれから一〇年も、あそこに監禁されていたとは信じられない」と驚嘆したそうだ。私も彼女のことをはっきりと覚えていた。

監禁現場を目撃した重要な証人が現れたのだ。そこで彼女に陳述書を書いてもらい、東京地検に追加の証拠として提出する準備を進めることになった。

ところが、一二月九日、東京地検は「嫌疑不十分」を理由に不起訴処分を下した。ちょうど私は韓国巡回中で、一報を耳にして茫然自失となった。

嫌疑不十分。これは被疑者が犯人でない「嫌疑なし」とも、裁判を受けさせるまでの必要はないとする「起訴猶予」とも違い、犯罪の疑いが完全には晴れないが裁判で確実に有罪にできる決定的な証拠がないということだ。

検察が起訴に持ち込み、公判の維持を可能にする動かぬ証拠がなかったことになるが、警察も検察も被告訴人たちを誰一人として逮捕せず、家宅捜索など強制捜査も行わなかった。行われたのは任意の事情聴取のみだ。この間に被告訴人たちは、いくらでも証拠隠滅や口裏合わせができた。彼らから自供や証拠を得ることが極めて難しくなったと言えるだろう。

私は最後まで起訴されると信じてはいたが、警察と検察の様子から嫌な予感もしていた。私の事例が不起訴になるようでは、これから統一教会信者の拉致監禁被害はますます増えるのではないか。怒りが込み上げてくるだけでなく、背筋が寒くなった。

福本弁護士も憤っていた。

「十分な捜査もしないで、それで証拠が集まらないから不起訴というのでは、この責任は捜査当局にあるとしか言いようがない。最初から結論ありきで事件をつぶしたとしか考えられない。正義感の欠片もない情けない連中だ」

不起訴処分の一方で、拉致監禁撲滅のための運動は盛り上がっていった。翌二〇一〇年一月八日には、任意団体『全国拉致監禁・強制改宗被害者の会』が発足し、私が代表に就任した。

不起訴処分から二カ月が過ぎた二〇一〇年二月一二日、私は福本弁護士と東京地検に出向いた。担当検事に不起訴の理由を聞くためだ。これは検察審査会に不服申し立てを行うための準備でもあった。

検察審査会制度とは、有権者の中から無作為に選ばれた一一人の国民が検察審査員となって、不起訴処分の当否を審査するものだ。検察官が独占する起訴の権限の行使に一般国民の民意を反映させ、その適正な運営を図ろうとする目的から制度が設けられている。

私の事件の担当検事は、前年四月の人事異動で当初（受理時点）の人から変わっていた。不起訴の理由について現担当検事は、被告訴人側が一貫して拉致監禁を否認していること、そして起訴に持ち込むまでの証拠がなかったと説明した。

例えば、家族はマンションの玄関ドアを南京錠で施錠していたのは認めているが、一時的な措置であり、統一教会信者が私を奪還するため押しかけてきてチェーンカッターを使って外部からドアチェーンを切断される恐れがあったと証言していた。

玄関ドアを南京錠で施錠したのは、襲撃を阻止するためなどという言いっぷりに、私は唖然とした。このような愚にもつかない苦し紛れの虚偽弁解を検察官が本当に信じたのか。

「南京錠は外部からの侵入対策なんかではない。内側から外に出られないようにしているわけだから、その目的は明らかで、監禁以外の何物でもないじゃないですか」

すかさず福本弁護士が言うと、検事はさらにとんでもないことを言い出した。

「ご家族は『出してくれ』って言われれば出したという話ですね」

顔色ひとつ変えず平然と話す検事に、福本弁護士が食ってかかった。

「そんなばかな。検察官たる者が、そんな見え透いた嘘を信じたんですか。一二年間ですよ。一二年間。常識的に考えてあんなガリガリに痩せこけるまで、本人の意思で居続けたと思いますか。非常識にも程がある」

検事が淡々と答えた。

「このご家族の弁明自体を、一概に排斥することは難しいです」

さらに検事は言った。

「抗議にいらしてるんですか。ここで議論しても決定が変わることはありませんので」

福本弁護士と私は憤懣《ふんまん》やるかたない思いで東京地検を後にした。

「あれは、まったくやる気がない。最低の検事だ。あんなのが検事をやっているようでは検察の行く末が思いやられるよ」

福本弁護士が吐き捨てるように言った。かつて自分がいた古巣の東京地検だけに余計に憤慨したのかもしれない。

検察審査会に申し立てを行い、検察の下した不起訴を覆して起訴に持ち込むのは簡単ではない。過去の例を見ても限りなく狭き門だ。しかし、可能性がある限りやれることはやろうと決めた。

不起訴を覆すためには、新たな証拠を提出する必要がある。期限に間に合わなかった監禁現場を目撃した女性信者の陳述書等の証拠の書面を準備し、二〇一〇年六月二三日に検察審査会へ不服申し立てを行った。

二〇一〇年一〇月六日に出た検察審査会の結果は、「不起訴相当」だった。「全く話にならん決定だよ。どいつもこいつも狂っているよ」と、福本弁護士から私の携帯電話に連絡が入った。

不起訴の経緯が非公開前提の検察と違い、検察審査会は審理の結果と内容が「議決通知書」として申立人の代理人弁護士に郵送される。福本弁護士から送られてきた議決通知書はA4用紙で一一ページあった。

議決通知書を一読して、私は放心状態になった。それほど衝撃的で惨憺《さんたん》たる内容だった。申立人側の主張はことごとく否認され、被疑者たちの主張のみが認定されていた。議決通知書は、最後に次のように結論づけた。

「本件が強要未遂、逮捕監禁致傷罪に当たるとするには、多くの疑問があり、よって議決の趣旨に記載したとおりの結論に至った」

検察審査会に申し立てができるのは一回きりなので、刑事訴訟の道は閉ざされることになった。刑事告訴が不起訴に終わり、私はしばらく挫折感に苛まれた。こんなにも事実がねじ曲げられてしまうとは思いもよらなかった。統一教会信者に対する拉致監禁、強制棄教という不法行為が、日本の司法で正しく裁かれることはもはや不可能なのか。

拉致監禁の撲滅を掲げてここまで共に戦い支援してくれた仲間に、申し訳ない気持ちで一杯になった。今も拉致監禁に怯えている多くの統一教会信者がいる。私がここで断念したら、どうなる。一二年監禁しても何のお咎めなしとなり、拉致監禁し放題の無法国家になる。これだけはなんとしても阻止しなければならない。

裁判所で拉致監禁を裁くには、民事訴訟しか道が残されていない。しかし、惨憺たる刑事告訴の結果で打ちのめされた私は、民事訴訟の提起をすぐに決断できなかった。検察審査会「議決通知書」のあまりにも理不尽な文言が、トラウマとなって私の心に重くのしかかっていたのだ。

民事訴訟を提起すれば、再び莫大な時間と労力が必要になる。そこまでやっても、勝訴できるという保証はない。そこで私は勉強を重ねた。すると、希望が見えてきた。

過去に、刑事で不起訴になった事件でも、民事訴訟の損害賠償請求で勝訴する例が山ほどあるのが分かった。刑事裁判は国家権力が個人に介入して刑罰を科すものなので、民事よりも立証の程度が高い。「疑わしきは罰せず」と言われる所以だ。これは、同じ証拠でも刑事と民事では扱いが変わる可能性があるのを意味する。

刑事告訴は被告訴人の証拠隠滅や口裏合わせを封じるためにも手続きを早く進めることが肝要で、書証の作成などをスピーディーに進める必要があった。民事訴訟では陳述書など書証の作成や証拠収集に時間をかけて取り組むことができる。

民事訴訟で勝訴するには、裁判官を納得させる主張とそれを裏付ける証拠が必要となる。

私は福本弁護士に民事訴訟で勝訴できるか尋ねた。

「こればかりは、やってみなければ分からないね」

悲愴感を漂わせた私を見かねたのか、福本弁護士は続けて言った。

「まあ、もう少し時間があるから、秋風にでもあたりながらじっくり考えてみたらどうですか」

民法で定められた損害賠償請求権の時効は三年。監禁から解放された時点から三年間となり、二〇一一年二月一一日で時効を迎える。あと四カ月あるが、決断を先延ばしする余裕があるわけではない。

また、こんなことも考えた。

民事訴訟は原告と被告の主張や証拠の攻防が裁判所で公開され、第三者に晒される。これなら民事訴訟を通じて拉致監禁の被害実態を世の中に知らしめることができるのではないか。

私は、自分の一二年五カ月の体験をあらためて振り返った。

被告側が事実を糊塗し、虚言を弄して反論しようとも、拉致監禁が事実である以上、必ず彼らの主張は綻《ほころ》びが生じ崩れる。事実は一つ。真実はこちらが握っている。これが民事訴訟を戦うにあたっての私の最大の強みだ。

二〇一一年一月三一日、私は東京地方裁判所に民事提訴した。

一対六の戦い

民事訴訟の被告は宮村峻氏、松永堡智牧師、そして兄、兄嫁、妹、さらに松永牧師が所属する日本同盟基督教団（日本同盟基督教団は松永牧師に対する使用者責任）。原告一人に対し、被告は五人と一団体。損害賠償請求額は、逸失利益、慰謝料など合計二億一六一万八五二七円。

ただし、母は認知症が進み訴外となった。刑事告訴をしていた二〇〇九年一一月に、妹から結婚報告とともに、私が刑事告訴したのを非常に残念に思っていると簡易書留が届いた。加えて、母の認知症について触れられていたのだ。

原告の代理人は刑事に引き続き福本修也弁護士。

被告側は、宮村峻氏の代理人が山口広弁護士、木村壮弁護士。

松永堡智牧師の代理人が中村周而弁護士、東麗子弁護士。

兄、兄嫁、妹の三人の代理人が山口貴士弁護士、荻上守生弁護士。

日本同盟基督教団の代理人が青木榮一弁護士。

被告側弁護士たちは、キリスト教徒として日本同盟基督教団信徒理事を務めていた青木榮一弁護士を除けば、山口広弁護士を筆頭に長年統一教会と敵対してきた全国霊感商法対策弁護士連絡会（全国弁連）の弁護士たちだ。彼らの顔ぶれを見てもこの裁判に対する並々ならぬ力の入れようが分かる。統一教会に対し批判的立場をとる弁護士たちにとっても、この裁判は絶対に負けられぬ裁判なのだろう。

二〇一一年三月二二日、東京地方裁判所で第一回口頭弁論が行われた。東日本大震災が三月一一日に発生して、復興に向けて国民が被災地に心を向けながらも未だ重苦しい空気が漂っていた。

東京地裁は、事情聴取のために通った東京地方検察庁のすぐ裏手にある。舞台となる七〇九号法廷に向かうと、法廷前の廊下に人垣ができていた。口頭弁論が終わったあと知ることになったが、傍聴席四二に対して傍聴希望者が二〇〇人も列を成していたのだという。

法廷では、傍聴席から見て左側の原告席に福本弁護士が座っていた。傍聴席から見て右側の被告席にも一人、また一人と被告とその代理人が入廷し着席する。

原告席と被告席は向かい合う形に配置されている。原告席の私と、証言台を挟んで兄、兄嫁、妹が被告席に着いた。フラワーマンションから解放されてから三年ぶりの再会だった。私は彼らをじっと見つめた。三人は、こちらを見ようとしない。被告席に宮村氏の姿もあった。監禁当時の記憶とともに、何とも言えない陰惨な気持ちがよみがえった。

被告席に座ったのは、二人欠席したため被告と代理人を合わせて一〇人だった。

被告側と対峙してみると、裁判の難しさがよく分かる。使用者責任の教団を除外しても、私は宮村氏、松永牧師、及び家族の三方向からくる被告たちの主張に対応しなければならない。原告側として、被告側の三倍の労力が必要だ。

一〇時三〇分、開廷。

裁判官が入廷し、書記官の号令で傍聴人も含めた全員が起立し、礼を行った。裁判長の指揮の下で出席者の確認、提出書面の確認があり、次回口頭弁論の期日を決めて一〇分程度で終了し、閉廷した。

この裁判は長丁場になるのが予想された。監禁期間が長い上に、被告の数も多い。福本弁護士の見立てでは「一審判決までおそらく二年はかかるだろう」とのことだった。実際、提訴から一審判決まで三年かかることになった。

取り組まなくてはいけないことは、はっきりしていた。

私と同様に、宮村氏と松永牧師に監禁下で脱会説得を受けた拉致監禁被害者の陳述書をなるべくたくさん準備する。もちろん私自身の陳述書の内容をより充実させなくてはならない。

拉致監禁被害者と連絡を取り、会って事情を説明し、陳述書を作成してもらった。思い出したくないつらい経験だったろうが、多くの被害者が「裁判に勝訴することで、拉致監禁を撲滅できるなら」と協力してくれた。さらに、宮村氏と松永牧師に指導を受けて拉致監禁を実行した信者家族にも後悔している人たちがいて、陳述書作成を承諾してもらった。加害者側からの陳述は貴重で、絶大な証拠能力がある。

こうして宮村氏の被害者と親族一〇人、松永牧師の被害者と親族九人の陳述書を法廷に提出した。

かたや被告側は証拠として検察審査会の議決通知書と、各被告それぞれが陳述書を提出し、さらに新潟や荻窪のマンションを訪れた元信者も陳述書を集めて出してきた。いずれの陳述書も、拉致監禁を全否定する内容だった。

こうして陳述書による原告側と被告側との激しい応酬が展開され、緊張を強いられ心休まる暇がないまま第四回口頭弁論が終了した。いっぽう私生活では、この年に妻が子供を授かった。一二年五カ月におよぶ監禁中には、想像すらできなかった幸せな出来事だった。

だが私生活の充実とは別に、依然として口頭弁論は続いた。

この裁判で、拉致監禁という違法な脱会方法をつぶさなければならない。元凶をつぶすのだ。拉致監禁を実行するのは信者家族たちだが、彼らが発案して犯罪に手を染めるわけではない。脱会説得の専門家が、信者家族に拉致監禁の技術を指南して凶行に走らせる。拉致監禁の元凶である「脱会説得の専門家」、すなわち宮村氏と松永牧師の悪行が裁かれなければ意味がない。

そのためには、宮村氏と松永牧師が常習的に拉致監禁を信者家族へ教唆、指導していた動かし難い証拠を明示する必要がある。拉致監禁という毒薬を垂れ流している源泉を断たなければ拉致監禁を根絶するのは不可能なのだ。

私は宮村氏と松永牧師から指南されて子弟を拉致監禁した家族の陳述書を提出したが、さらに両名の実態を暴く決定的な証拠を探し続けていた。

ここに予め天が準備していたかのように、証拠が姿を現したのである。拉致監禁、脱会強要のマニュアルが見つかったのだ。

一九八七年に「原理運動対策キリスト者全国連絡協議会」が発足。呼びかけ人は脱会説得の第一人者であった荻窪栄光教会の森山諭牧師で、発足会には脱会活動に熱心な全国のキリスト教牧師ら一四人が参集した。この団体の発足会で発表された脱会強要マニュアルを、何者かが書き残していたのである。

こうした手書きマニュアルが存在していることは、以前から噂されていたものの詳細が分からなかった。入手したマニュアルはノート六ページに、一ページごと冒頭に見出しを置き、連番の箇条書きで拉致監禁、脱会強要の手法が詳細に記されていた。

以下、一部抜粋する。

一ページ目［子の救出に関して］。［家か、親戚の家で一論争し、ひとあばれさせる。そして、逃げられないという自覚をさせる。そのためには6人位の大人が必要である」

二ページ目［車に乗せる前の話し合い」。［逃げる、トイレ、人数は5～6人、男が4～5人、場所を変えて↓移動、警察（110）が入ると信教の自由を盾に逃げる」

四ページ目［両親に対して」。［（1）説得者の許可なく外出はしない。（1）のことは絶対に本人に言わない。最初の一週間位は4人を準備する。その後は3人準備する。本人が脱会宣言を電話でし、荷物の引き上げを終了したら、2人でも良い。それでも、説得者の許可なく、外出はさせない。必ず逃げるから」

五ページ目［説得中」。［外部との関係をシャットアウトする。少しでも教会関係者が近くにいることがわかると本人は、耳を傾けなくなり、自信をとりもどす。絶対に逃げられないのだという意識がない限り、聞こうとはしない。それで、4人～6人でとり囲む必要があるのです。24時間、誰かが起きていること」

六ページ目［判定規準…以上をクリアーして、外出は許される」。［1．手記を書く①誠実な態度か　②固有名詞が出ているか　③霊の子、授けた被害者の名があるか　④救済しなければならないという意識が見られるか。2．自分の霊の子の救出に熱心になるか。3．被害者のことについて話し出すか。4．キリストの名によって祈るか。5．表情が明るく、よく話すようになるか。6．家族、両親に誠意をもってあやまるか。7．ホーム生活をしている人の救出に（を）申し出るか。8．酒を平気で飲むか」

このようにマニュアルは、拉致監禁を実行する際に必要となる人員の数を、しかも動員すべき男性の人数まで規定している。警察の介入に注意することや、監禁現場から信者の両親が外出することさえ脱会説得の専門家である説得者の許可が必要とまで書いてある。

信者の逃走を阻止するため説得者の許可なく信者を外出させないこと、説得中には外部との関係をシャットアウトすること、信者の外出が許可されるには様々な「踏み絵」を踏まされること等、まるで暴力団が書いたものと見紛うほど暴虐な文言が並んでいる。信者を脱会させるためなら手段を選ばず、信者の人権など微塵も考えていないのがよく分かる。

ちなみに、前記六ページ目の「霊の子」とは自分が伝道した信者のことで、自分が伝道した信者を自分と同じように拉致監禁（すなわち救出）してでも救わないといけないと熱心になる様子が、監禁から解放される一つの「判定基準」だというのである。

以上のように、マニュアルは、微に入り細に入り、信者の逃走を阻む手法や、効率的な棄教の方法、そして「判定規準」と称する〝踏み絵〟までが記されているのである。

では、マニュアルをノートに書き留めたのは誰か。

拉致監禁、脱会強要の手法を解説するマニュアルを入手した後、一本のビデオテープが発見された。ビデオテープには被告である松永牧師が板書しながら講義する映像が収められていたが、この中に拉致監禁による脱会強要の手法を説明する箇所があった。これだけでも重要な発見で大きな収穫だったが、さらに驚くべき事実が隠されていた。

講義の様子を繰り返し見ていた私は、板書の文字とマニュアルの筆跡が瓜二つなのに気付いた。そこで講義映像を静止させてノートに記されたマニュアルの文字と比較し、また別のシーンで静止させて比較した。疑う余地のないほど筆跡が一致していた。マニュアルは松永牧師が自ら書いたものだったのだ。

マニュアルと講義映像によって、松永牧師が拉致監禁、脱会強要の手法を統一教会信者の家族に教唆していた事実が明らかになった。物証の威力は凄まじく、松永牧師はマニュアルと映像が本物であると認めざるを得なくなった。今まで拉致監禁への関与を完全否定していた松永牧師だったが、これらによって彼の発言の信憑性は著しく低下したのである。

一方で、拉致監禁の関与を完全否定していたもう一人の「脱会説得の専門家」、宮村氏の悪行を暴露する重要な人物が現れた。宮村氏の裏の顔を知る元・全国弁連所属の弁護士である。その弁護士によると、宮村氏の脱会活動は、脱会活動に名を借りた金儲けであり、その実態は拉致監禁、棄教の強要にすぎないという。この発言を書面化して法廷に提出することができた。原告側と利害関係がまったくない人物で、しかも、元・全国弁連の弁護士として反統一教会の立場で被告らと活動を共にし、内情に詳しい法律の専門家である弁護士の発言は、宮村氏の主張を完膚なきまでに覆したのだ。

二〇一二年七月二四日に行われる第九回口頭弁論に向けて、この書面は提出された。

第九回口頭弁論に現れた被告席の面々の表情には悲壮感が漂っていた。被告と代理人たちは、松永牧師の映像とマニュアル、及び宮村氏の悪行を暴露した書面に目を通している。こうして動かぬ証拠を提示したことで、正義の女神が持つ天秤が、原告である私の側に大きく傾きはじめたのを実感した。

母の死

二〇一二年五月三一日。宮村氏と松永牧師の実態を暴く決定的な証拠が揃いつつあった私に、福本弁護士から電話がかかってきた。母が体調を崩して入院したという。

「見舞いに行ってあげたらいい」

福本弁護士からは、「御連絡」と冒頭に記された一枚の文書もメールに添付されて送られてきた。兄、兄嫁、妹の代理人である山口、荻上両弁護士から福本弁護士の事務所にファックスで送られてきたものだ。ここに都内の総合病院の名と住所があった。

二年半前の刑事告訴中に、妹から母の認知症が進行していると伝えられていた。さらに認知症の重症度が増して入院したのかと思ったが、添付されてきた文書を見ると入院先が消化器科になっている。

母の病状を知りたかったが、係争中の兄たちに聞くわけにはいかない。そこで、入院先の病院に事情を説明して母の病状を教えてほしいと頼むと快諾してくれた。四日後の六月四日、私は母が入院している病院へ行った。消化器科に所属する担当医の説明によると、母の病状は想像以上に深刻だった。

母は数年前から脳が萎縮する難病の大脳皮質基底核変性症を患い、別の病院で治療を受けていた。この難病は認知症の症状が徐々に進行し、五年から一〇年で寝たきりになるという。発熱と貧血が続いたため一カ月ほど前にこの総合病院に検査入院したが、入院した当初からすでに寝たきりの状態でコミュニケーションがほぼ取れなかったという。さらに検査をしてみると大腸癌が見つかった。かなり進行しており癌の切除手術は負担が大きすぎるため、切除せずに人工肛門をつける手術を行ったという。

「あとどのくらい生きられるでしょうか」

「おそらく一年以内です」

余命一年とは言うものの、場合によっては明日死ぬ可能性もあるという。

看護師に連れられて病室に案内されると、変わり果てた母がベッドに横たわっていた。

「お母さん、徹だよ」

声をかけたが、視線は動かず虚空を見つめている。

一週間後、妻子を連れて病院を訪ねた。自分の息子の妻子と分かってくれないかもしれないが、どうしても母に会わせたかった。母にとって初孫だったのだ。

病室へ行き、母の傍らに立った。

「お母さん、孫ですよ」

妻が母に見えるように子供を抱きかかえた。私はもう一度、少し大きな声で呼びかけた。

「お母さん、孫だよ」

母の視線が動いて二人を見つめた。言葉はなく、表情も変わらなかったが、二人が何者か母は分かってくれたように思う。

病院の窓口に母が危篤の際は連絡をほしいと相談した。看護師によれば、家族の代表者にのみ連絡するのが規定なのだそうだが事情を察してくれたようで、私は携帯電話の電話番号を伝えた。

九月二〇日、福本弁護士から携帯電話に連絡が入った。

「お母さんが、亡くなられた」

理由は分からないが結局、病院側は私に連絡してくれなかった。

福本弁護士が、家族の代理人弁護士から送られてきたファクスの文書をメールに添付して送信してくれた。午前七時三五分に亡くなったとあり、母の亡骸は病院から葬儀場に移され、この日の午後五時まで面会可能と記されていた。

私は最期のお別れに、母の亡骸に会いに行った。

母の亡骸が安置されている葬儀場へ行くと、職員が遺体安置室へ案内してくれた。ロッカールームのように整然と並んだ保冷庫の扉が開けられ、金属製の寝台が引き出された。

「こちらです」

白い布がまくられて現れた母の顔はきれいに化粧を施され、今まで幾多の苦労を重ねてきたにもかかわらず穏やかな表情をしていた。

幼い頃から私は母に愛されて育った。しかし、父もそうだったが母とも最期まで心が通じることはなかった。母のために自分にもっとできることはなかったのか。母の人生にとって自分はただただ心配と労苦の種になってしまったのか。何とも言い難い思いが込み上げてきた。

翌日、福本弁護士を通じて家族側からの通知が届いた。兄、兄嫁、妹が通っているキリスト教会で四日後に告別式を行うという。文面の最後に「喪主側としては、徹氏に参席を遠慮して頂きたい意向である」と書かれていた。

兄らの意向に従うことにした私は、父のみならず母の葬儀にも参席できなかったのである。

追い詰められた人々の断末魔

二〇一二年の暮れ。口頭弁論が始まって一年一〇カ月にもなっていた。第一二回口頭弁論で、裁判所は原告、被告双方の主張と証拠が出尽くしたと判断して、翌年二〇一三年から証人尋問を行うことを決定した。

二〇一三年三月一一日、証人尋問初日。東京地裁の正門横に、五二枚の傍聴券を求めて一三〇人余りが列を作った。毎回傍聴人が多いことから、いつからか傍聴券の抽選が行われるようになっていた。予定時間は朝の一〇時から休憩を挟んで夕方五時まで。午前中は主尋問が二時間。代理人の福本弁護士の質問に答えていく。

一〇時。裁判長が入廷した。

「それでは、原告の本人尋問を始めます」

裁判長の声が法廷に響き渡った。

私は原告席を離れ、裁判長に向かい合う形で法廷の中央に位置する証言台に着いた。

「それでは原告は宣誓書を声に出して読んで下さい」

「起立して下さい」と書記官が傍聴席に向かって声をかける。

私は署名捺印した宣誓文を読んだ。

「良心に従って真実を述べ、何事も隠さず、偽りを述べないことを誓います」

書記官の指示で全員が座ると、代理人の福本弁護士が立ち上がり主尋問が始まった。

まず私を伝道した被告である兄が東京で路上拉致され、統一教会を脱会した経緯から証言した。

続いて、一九八七年に行われた一回目の京王プラザホテルでの拉致監禁と、その後の八年間の家族とのやり取りを説明。一九九五年から一二年五カ月間にわたった拉致監禁事件の全貌を詳細に話した。

フラワーマンション八〇四号室で宮村氏、元信者、家族からの中傷と罵倒。それにより時に死にたいとさえ思い詰めたこと。自由を奪われて人間扱いされなかった苦しみと無念さと悔しさを裁判長に訴えた。

脱出を試みて「監禁されていまーす！　警察を呼んでくださーい！」と何度も力の限り叫んで助けを求めたこと。力づくで押さえつけて脱出を阻止する家族の暴力について。監禁に抗議するためにに行ったハンガーストライキ。家族から受けた食事制裁によって餓死寸前になり、生ゴミを漁《あさ》るなどするところまで追い詰められ、生死の境を彷徨ったこと。これら、拉致監禁と脱会強要の事実を明らかにした。

主尋問が無事に終わり、昼の休憩時間になった。私は恐る恐る福本弁護士に聞いた。

「どうでしたか」

「よかったと思うよ。勝負は午後の反対尋問だね」

やはり、午後から四時間かけて山口広弁護士をはじめ六人の被告代理人弁護士によって行われる反対尋問が難所なのは間違いない。

反対尋問は、兄、兄嫁、妹の代理人である荻上守生弁護士から始まり、山口貴士弁護士、宮村氏代理人の山口広弁護士、木村壮弁護士、松永牧師代理人の東麗子弁護士、最後が中村周而弁護士の順で行われる。

緊張していないと言えば嘘になる。だが私は心が躍ってもいた。私は被告代理人たちの質問を事実で返り討ちにして、裁判長に正しさがどこにあるか示すチャンスだと思った。なぜなら拉致監禁は揺るぎない事実で、私は実体験を正確に答えればよいだけなのだ。

反対尋問が始まった。

「原告は家族を統一教会に伝道しようとしてマンションに居座っていた」

これが、被告代理人たちが創作した主張だった。

私が監禁されていたのは否定しようがない事実だった。監禁していないと言い張るなら、私が自分の意思でマンションから出なかったことにするほかない。するとマンションに留まった理由が必要になり、苦肉の策で「伝道のため」としたのだ。

統一教会では、親族を伝道することを「氏族メシヤ活動」と呼ぶ。被告代理人たちは、「原告はマンションで〝氏族メシヤ活動〟をしていた」ことにしようと、手を変え品を変え質問してきた。

こんな荒唐無稽な主張に、肯首するわけがない。

マンションに滞在中の唯一の目的が「自由の奪還」であったことを、私は終始一貫して主張した。これが事実なのだから、ありのままに語るだけでよかった。

当然ながら彼らの目論見は空振りに終わった。

拉致監禁そのものや食事制裁による虐待に関わる質問では、ここぞとばかり監禁中に何があったのか実態を突きつけた。すると被告代理人が「はい、もういいです」と話を打ち切ろうとする。

「せっかく答えているのだから、話させたらいいじゃないですか」

福本弁護士がすかさず突っ込みを入れる。

このまま喋らせたら原告側に有利になるばかりと焦っているらしく、被告代理人の表情や声色から困惑が見てとれた。

質問は多岐にわたったが、予想通り被告側の思惑どおりには事が運ばなかった。

午前の主尋問二時間、午後の反対尋問四時間。一時も気が抜けない集中力を要する尋問がすべて終了したときにはさすがにくたくたになっていた。だが、気持ちは高揚していた。私はしばらく心地よい疲労感と、戦いきった充実感に浸った。

こうして自身の実体験と率直な気持ちを訴えた本人尋問は、福本弁護士から「及第点」をもらって終了した。

二〇一三年四月八日、二回目の証人尋問が行われた。この日、証言台に立ったのは二人。いずれも宮村氏によって脱会させられた後、私に対する脱会説得のためフラワーマンション八〇四号室に来た元信者であった。原告側から申請したのは、脱会後に統一教会の教えが正しかったとして戻ってきた女性信者。そして、被告側が申請したのは「悪徳商法評論家」の多田文明氏であった。なお多田氏は、陳述書にてフラワーマンションにやって来て、私に脱会説得を行ったのを認めていた。

福本弁護士は、多田氏に宮村氏の関係を問いただした。

多田氏の著書の中に、彼が勤務していた会社でのワンマン社長のエピソードについて触れられているものが二冊あった。

『それでも会社を辞めますか?』では、社長が有給休暇についての社内規定を作らなかったり、通勤用バイクの置き方に理不尽な言いがかりをつけたため、大喧嘩をして会社を飛び出し、そのまま辞めたとされている。

『崖っぷち「自己啓発修行」突撃記』では、「彼は小企業にありがちなワンマンな人でした。まあ、やることなすこと強引で、私が朝に腹の調子が悪くて、トイレにこもると、おまえの便所のために金は払えないとばかり『今後一切、朝のトイレで用をたすのを禁止します』と全員に命令したほどです。そんな理不尽な話があるか！と私が抗議すると、家で用を足してから出社しろ、とふざけたことを言います。こうした些細なことでよく喧嘩をしましたね」と記している。

これほど理不尽な社長が実在するのかと驚かされるエピソードだが、宮村氏ならやりかねないと思われた。福本弁護士は、原告側関係者の「この口調をもう少し乱暴にしたら、監禁現場に来た宮村氏そのものだ」「多田氏は宮村氏から脱会させられた後、彼の会社に就職したのではないか」といった推察を元に、多田氏への反対尋問で著書に登場する社長は宮村氏ではないかと尋ねた。すると不意を突かれた彼は、「そうですね、喧嘩しましたよ。それが何ですか」とあっさり認めたのだった。さらに福本弁護士が「このエピソードは被告宮村の人間性がよく出てますね」と質問すると、多田氏は「そういう一面を切り取るからだめなんですよ。会社というのはビジネスですよ。説得とは違いますからね」と開き直った。

こうして多田氏の証言は宮村氏の人間性を裁判所に理解してもらう上で、実に有益なものとなった。

また多田氏は、陳述書や主尋問で自らが信仰を棄てた経緯を証言し、脱会説得で拉致監禁が行われていたことを否定していたが、彼の妹は宮村氏ら複数の共著が執筆した書籍に実名で手記を寄稿して、兄への脱会説得の様子を生々しく描写していた。

多田氏は連れて行かれたマンションで、「信頼していたのに、裏切られた」「うるさい、勝手に連れてきて」と騒いだり、「このマンションを見れば分かります、改宗に使う部屋でしょう」と捲し立てている。そして宮村氏が説得に来ると、「こんなことをしてよいと思っているのか！訴えてやる！」と迫ったという。宮村氏が「話にならない。五年でも一〇年でも整理がつくまで、ここにいなさい」と言って出て行こうとすると、彼が「ここから出る！」と言って立ち上がったため、家族がしがみついて押さえたとしている。

これらは私がフラワーマンションに閉じ込められていた状況を彷彿とさせるもので、多田氏もまたマンションに拘束されて脱会説得を受けていたのは明らかだった。

この手記を引用しながら福本弁護士が反対尋問を行うと、多田氏は「親が出させてくれないわけですよ」と答え、意に反する拘束がともなった脱会説得の実情が明らかになったのだった。この発言で、自分は拘束されていなかったと主張する多田氏の証言は信憑性を失い、裁判官は拉致監禁が行われていたと心証を抱いたのではないだろうか。

二〇一三年五月一四日、三回目の証人尋問が行われ、兄が証言台に立った。兄の横顔は裁判が始まってから老け込んだように見える。被告代理人による主尋問に澱みなく答えていた兄だったが、反対尋問になると一変した。福本弁護士からの質問に答えられず何度も黙り込んで、質問とは関係ない話をしてはぐらかしたり、答えに窮して「覚えていません」「記憶にありません」を繰り返した。あまりにのらりくらり答えるので、裁判長が「被告は質問に端的に答えて下さい」と注意を促すほどだった。

兄は正面にいる裁判長の顔をほとんど見ることなく、うつむき加減で終始覇気がなく低い声でぼそぼそと話した。あまりも声が小さく聞き取りづらいので、兄の代理人を務める山口貴士弁護士が証言台のマイクの向きを調整したほどだった。

兄は、幼い頃から兄貴風を吹かせるところがあり、幼い日は兄弟喧嘩をして、私はよく兄に泣かされた。だが大学受験を前に悩んでいた私に、アドバイスの手紙を書いて送ってくれたのも兄。「きっと将来役に立つから、勉強してみようよ」と統一教会を勧め、誰よりも真剣に信仰して教会の活動に専念したのも兄。根が正直で真面目で正義感のある兄の姿は、証言台にはなかった。法廷で事実とかけ離れた内容を話すたびに、良心の呵責に苛まれていたのではないか。証言台にいる兄を見て、心が締め付けられた。

兄への尋問が終了すると、どんよりした重苦しい空気が被告側席を支配しているように見えた。覇気がないのは証言台の兄だけではなかったのだ。私は裁判について素人にすぎないが、兄の答弁内容だけでなく表情も態度も裁判長に良い心証を与えなかったのは間違いないと感じた。

二〇一三年六月三日、四回目の証人尋問が行われた。この日は松永牧師と兄嫁が証言した。

松永牧師は彼の講義を撮影したビデオテープの映像について、被告代理人から質問された。ビデオを作成したが元信者と元信者の家族に見てもらうと評判が芳しくなかったので、すぐ使うのをやめたという。続いて、手書きの拉致監禁マニュアルについて質問された。すると、この内容を発表した人の話を書き取っただけで、自分の考えではないと言った。

反対尋問で福本弁護士は、松永牧師が拉致監禁の教唆や指示に関与していた複数の証拠を突きつけながら彼に質問した。松永牧師は脱会説得活動の主体は自分ではないと、「家族が決めること」「私の責任ではない」と強弁した。これは私の家族だけでなく他の信者家族にも、すべての責任を押しつけて自分だけは助かろうという無責任極まりない態度ではないかと、私はむかむかするほど腹が立った。

午後からは兄嫁が証言台に立った。

反対尋問では答えに窮する場面が多々あったが、兄の反対尋問を見て学習したのか黙り込むことはなく、代わりに「わかりません」「私は知りません」を連発した。

二〇一三年六月一七日、この日で証人尋問が終わる。最後に残ったのが、妹と宮村氏だった。午前の証言台に立ったのは妹だった。主に妹が食事を作っていたので、福本弁護士は食事制裁と虐待の関係について質問した。妹は私の体調に配慮して家族とは別の食事を出していたと答えた。また都合の悪い事実を突きつけられると「覚えていません」の一点張りなのは兄嫁と同じだった。

午後からは宮村氏が証言台に立った。

被告代理人による主尋問で宮村氏は、救出カウンセラーとしての哲学とカウンセリング方法を誇示した。強制はせず、信者の意思を尊重するカウンセリングを実践していて、拉致監禁の指導は行っていないと供述。

福本弁護士が反対尋問を行うと小馬鹿にしたような横柄な態度と口調に変わり、「ちゃんと証拠をそろえて尋問して下さいよ」「福本さん、お願いだから下手くそな誘導尋問はやめて下さいよ」「日本語お分かりですか、先生」などと不規則発言を連発した。これは裁判長の目にも傲岸不遜で不誠実な答弁と映ったようで、「そのまま調書に取りますよ」と厳しい口調で注意されていた。

宮村氏の法廷での態度と話ぶりは、フラワーマンションで連日見てきた彼の姿そのものだった。数多くの統一教会信者を脱会に追い込んだ日々が、そのまま人格に染み込んで法廷でも露わになったように見えた。宮村氏の横柄な供述ぶりに限らず、被告側の陳述は裁判長の心証を悪くするために行っているようですらあった。

二〇一三年九月二四日、最後の口頭弁論が行われた。この日、最後の主張を行い、民事訴訟の提起から二年八カ月間の審理を経て第一審は結審した。後は判決を待つのみとなった。

まったく不十分な〝勝訴判決〟

二〇一四年一月二八日、第一審の判決日を迎えた。

東京の天気は晴れ。真冬にしては暖かく、日中は一五度まで気温が上がった。午後三時から七〇九号法廷で判決が言い渡される。三〇分前に東京地裁に着くと、傍聴券を求めて多くの人が集まっていた。原告側の支援者と被告側の支援者が半々くらいだろうか。

「後藤さん、いよいよ判決ですね」

支援者から、興奮を抑えきれないとばかりに声をかけられた。否が応にも緊張感が高まる。七〇九号法廷に入ると福本弁護士がいた。被告席にも被告とその代理人が緊張した面持ちで判決を待っていた。

時間通りに相澤哲裁判長が入廷すると、判決の主文を一気に読み上げた。

「被告（兄）、被告（兄嫁）、被告（妹）は、原告に対し、連帯して四八三万九千百十円及び、これに対する平成二〇年二月一〇日から支払済みまで年五分の割合による金員を支払え――」

相澤裁判長は主文を読み終わると、すぐに閉廷した。

判決結果は兄、兄嫁、妹の三人が連帯して総額四八三万円を、宮村峻被告に対しては上記損害額中の九六万円を連帯して支払うよう命じるものだった。

裁判長が読み上げた主文だけでは、どうもよく分からなかったので、法廷を出ると福本弁護士に評価を尋ねた。

「判決文を読んでみないと何とも言えないけど、一応勝訴かな」

一応勝訴でも、勝訴は勝訴。私は、ひとまずほっとした。

判決が下されたのち、直ちに東京地裁前で支援者に裁判の結果を報告する予定になっていた。東京地裁の正門前に集まった支援者は一〇〇人余り。固唾を呑んで見守る人々に、勝訴を報告すると大きな歓声が沸き起こった。この様子は、インターネットで日本と世界の支援者に生中継されたのだった。

午後五時から司法記者クラブで行った記者会見の様子は、翌日一月二九日に主要な報道機関が報じた。朝日新聞社会面には「統一教会信徒　親族に勝訴」「相澤哲裁判長は『親族らは長期間、男性の自由を大きく制約した』と認定し、計約480万円の支払いを命じた」と報じた。産経新聞大阪版は、「統一教会脱会を説得　親族に480万賠償命令」「相澤哲裁判長は判決理由で『成人に行動を大幅に制約して説得した点は社会通念上の限度を逸脱している』と述べた」などと報じた。

六五ページにおよぶ判決文を読むと、一部勝訴したとはいえ完全勝訴からはほど遠い内容であることが分かった。

宮村氏と松永牧師が信者の家族を指導して自由を制限した中で脱会説得を行っていた事実と、新潟及び東京の合計三カ所のマンションで私が自由な外出を許されなかった事実、及び被告らの行為が強制的なものであった事実は認定されていた。

しかし、新潟のマンションに連行される際に、私が渋々ながらも同行したとする被告側の主張が認定されたため、新潟と東京の一カ所目のマンションでの被告らの行為の違法性が否定されていた。このため最初のマンションに脱会説得に訪れた松永牧師の責任も否定された。三カ所目のマンションについてだけ、私の退出を妨げたとして親族と部分的に関与した宮村氏の行為に違法性を認定していた。

私は、松永牧師と宮村氏が自由の制限を手段とした継続的な脱会説得を、信者の親族らに指導してきた事実が認められた点と、フラワーマンションでの兄、兄嫁、妹と宮村氏の責任が認められた点は判決を評価した。

だが、松永牧師について一切の責任を否定した点と、宮村氏について被害の一部しか責任を認めなかった点、食事制裁による虐待が認められなかった点、一二年五カ月にわたる監禁・脱会強要が判決では約一〇年と認定されたり、四八三万円の慰謝料しか認めなかった点は、人権に対する配慮が著しく欠けていて納得いかなかった。

私は福本弁護士と相談の上、東京高等裁判所への控訴を決めた。敗訴した被告側たちも全員控訴してきた。原告と被告双方が控訴して、この戦いは控訴審へと移行したのだった。

戦い抜いた一二年五カ月と七年

二〇一四年六月五日、控訴審の第一回口頭弁論が行われた。この日に合わせ一審判決で認められなかった点に集中して陳述書等の証拠の書面を作成して提出していた。

この控訴審の第一回口頭弁論にて、被告側から想定外の証拠が提出された。福本弁護士から送られてきたその書面を見て、私は驚いた。

紙切れに小さな字がびっしりと書き込まれていた。

フラワーマンションで監禁から解放される一年ほど前、精神も肉体も極限まで追い詰められていたとき、神から受けた啓示を書き留めた、あのカレンダー紙片だった。まだ暗い早朝の和室で必死になって祈り、残り少ない芯の減りを気にしながらシャープペンシルで書いた言葉の数々が被告側から証拠として提出されたのだ。

この紙片は「証拠説明書　乙イ49号証」で「カレンダーの紙片」と呼ばれ、被告側の「立証趣旨」には次のように記してあった。

「一審原告カレンダーの紙片に『それでも私は彼らを愛しとるのだ！それが私の心情だ。彼らのメシヤとして彼らを愛して愛して救ってあげろ！救え！まような！愛して救ってあげるんだ！』と書いているという事実。すなわち、一審原告がフラワーマンションにいる間、統一教会信者として『氏族メシア』としての信仰心に基づき、一審被告（兄）ら家族を救いたいという気持ちを有しており、そのためにマンションに留まり続けたという事実」

苦笑せざるを得ない主張だった。

被告側は、私が「家族を統一教会に伝道しようとしてマンションに居座っていた」と荒唐無稽な主張を繰り返してきた。この主張が一審判決で全面的に退けられたため、なり振り構わず今頃になって「カレンダー紙片」を出してきたのだ。

私はあらためて紙片を前にして、小さな文字でびっしりと書き込まれた一文字一文字をじっくりと凝視した。

あの時の記憶が鮮明によみがえってくる。

監禁から一〇年が過ぎ、年齢も四三歳になり、孤独と絶望と飢餓を耐え忍んでいた極限状態で憎しみが暴走寸前になり、神にすがりついて祈った日々。必死の祈りの中で神が自分を見捨てていないことを実感し、神から希望と勇気をいただいた。カレンダー紙片は、その神から受けた啓示を書き留めたものだった。

紙面を埋め尽くす小さな文字は、まるで獄中で書かれた書簡を彷彿とさせる。カレンダー紙片は、むしろ私の主張を裏付ける強力な物証になる。真実以上に説得力のあるものはない。今頃になってカレンダー紙片が出てきたのは奇跡としか思えなかった。なにより、もう二度と手にすることはないと思われた紙片と再会できて私は本当に嬉しかった。全文から一部分だけ切り取り、自分たちに都合の良い目的で使おうとしたため彼らは墓穴を掘ったのだ。

私はカレンダー紙片の文言をすべて書き起こし、解説を加える陳述書の作成に取りかかった。紙片に書かれた文言を通して、当時の私がいかに過酷な状況に置かれていたかを立証した。

例えば、紙片の「反対、迫害、いじめ、苦労が多く、はげしくなるほど喜べ」という文言は、監禁が一〇年以上も続き、しかもまともな食事を出さないという「反対、迫害、いじめ、苦労」が「多く激しくなった」わけだが、神の啓示は、これらを逆に喜んで受け入れる意志力を持て、と叱咤するものだった。私が極限状況で精神が破綻《はたん》せずに耐え忍ぶことができたのは、このような神の啓示から希望と勇気をいただいたからだった。

また兄たちが、私が家族を救いたいがためにマンションに留まっていた証拠として示した「それでも私は彼らを愛しとるのだ！……彼らを愛して愛して救ってあげろ！……愛して救ってあげるんだ！」との文言は、そもそも、これは私の思いではなく「神の啓示」なのだ。憎しみを抑えきれず暴走寸前の私はこうした啓示のおかげで人知をはるかに超えた神の深い愛を知ることができでき、そのおかげでなんとか精神的安定を保つことができたのである。

そもそも、当時、筆記用具として使用していたノートやシャープペンシルの芯まで支給を拒否されたため、カレンダーの紙片に芯を節約するために極めて小さな文字を書かざるを得なくなったのだ。もし、当時、私が自由な身であれば、いくらでも玄関を出入りしてノートや筆記用具を買うことができたのは当然だ。しがたってこのようなカレンダー紙片に細かな字でびっしりと書き込みがなされていること自体、当時、私が監禁下に置かれていたことの重大な証拠となる。

私はこれらの主張を陳述書二〇ページに記して提出した。


二〇一四年七月には、さらなる朗報が舞い込んだ。

国連欧州本部の自由権規約人権委員会が、日本で行われている「新宗教信者に対する拉致監禁強制的棄教活動」について懸念を表明し、日本政府に対して権利保障の有効な手段を講ずべきであると勧告を行ったのだ。

以下、二〇一四年八月二〇日付「自由権規約委員会」「第6回日本定期報告審査にかかる総括所見」の抜粋である（「日弁連仮訳」より引用）。


【拉致及び強制による改宗離脱】

21．委員会は、新興宗教への改宗者に対して、その家族の構成員が改宗離脱のために本人を拉致・監禁しているという報告について懸念を有する（第2条、第9条、第18条、第26条）。
締約国は、すべての人に対し、自らの宗教若しくは信条を保持し、又はこれを選択する自由を強制的に侵害されない権利を保障するため、効果的な措置をとるべきである。


自由権規約人権委員会は、日本の人権状況の審査と報告を過去六回行っているが（二〇一四年時点）、「新宗教信者に対する拉致監禁強制棄教活動」を取り上げたのは初めてだった。国連から日本政府に対する勧告とあって、裁判所も重く受け止めざるを得ないのではないか。

しかも自由権規約人権委員会は一九三の国連加盟国の人権状況を調査するので、日本に審査の順番が巡ってくるのは六、七年に一回。二〇一四年が日本への報告書が公表される年で、公表されたのが控訴審が結審する直前だった。もちろん報告書は法廷に提出した。

いっぽう被告側から重要な証拠は提出されず、一審の主張を空しく繰り返すだけだった。

二〇一四年八月二一日、第二回口頭弁論が行われて控訴審は結審して、判決を待つのみとなった。

二〇一四年一一月一三日、判決の日を迎えた。

私は法廷に入り原告席に座った。しばらくすると福本弁護士が入廷して隣に座った。被告席を見ると彼らは雑談を交わし、口頭弁論では顔を見せなかった松永堡智牧師が新潟から上京していた。約三倍の競争率で傍聴券を手にした人たちが、四二席ある傍聴席を隙間なく埋めていた。

午後二時半になると三人の裁判官が入廷した。

「それでは、これから判決を言い渡します」

須藤典明裁判長が厳かに宣言し、続けて主文を読み上げた。

「主文。1、控訴人の本件控訴に基づき、原判決を次の通り変更する」

被告である兄夫婦と妹の三人に対して総額二二〇〇万円の支払いが命じられるとともに、同じく被告である宮村氏に対して上記損害のうち一一〇〇万円を、また松永牧師に対して同四四〇万円を連帯して支払うよう命じられた。

私の主張がほぼ受け入れられたと言ってよい。

須藤裁判長は、淡々と主文を読み上げた。民事裁判の判決は、たいてい事件番号と主文を読み上げるだけで終わるものだが、法律用語ばかりの分かりにくい判決文の主旨を須藤裁判長が時間をかけて解説してくれた。

法廷で取ったメモを元に、須藤裁判長が語った内容を要約すると次のようになる。

親や兄弟が信者となった家族を説得するために、話し合いをする場合、本人が事実上了解をしていれば、ただちに違法となるわけではない。

しかし、家族といえども個人としての意思の自由や尊厳があるため、これらは十分に尊重されるべきであり、本人が説得に応じないのに、行動の自由を制約してまで説得しようとすることは、本人の任意の承諾が認められない限り、原則として違法なものになる。

本件では、控訴人（原告のこと）は当時三一歳、成人した大人である。家族といえども、その意思や自由は十分に尊重すべきものであって、「控訴人を統一教会から脱会させる」のが父親の強い希望で、兄などの行為が家族としての情愛に根ざすものであるのは十分に理解できるが、それであっても本人の任意の承諾に基づくものでない限り、限度を超えれば違法になる。

しかも本件では、以前にも控訴人が説得を受けたものの、途中で逃げ出して脱会しなかった経過がある。このため兄たちは、控訴人が容易に説得に応じないのを想定して、応援を求めたり、ワゴン車やポータブルトイレまで用意して途中で逃げないようにして新潟へ連れて行った。したがって、最初から控訴人の自由な意思や行動を制約するつもりで、説得が実行されたものと認められる。

新潟のマンションでも、荻窪の二カ所のマンションでも、兄たちは控訴人の所持品などを取り上げて、自由な外出を制限し電話等もさせなかった。控訴人が、脱会届の書面を作成しても、偽装脱会を疑って行動の自由を制限し続けたのだから、これは違法状態が継続したものと認められる。

繰り返し控訴人に脱会を迫ったものの、控訴人が兄たちの望むような姿勢を見せなかったため、平成二〇年二月一〇日に説得を諦めて追い出したのだから、この時点まで控訴人の自由を制限し続けた違法な状態が続いたものと、当裁判所は判断する。

実際に控訴人と生活を共にして、自由を制約し、事実上の監禁状態に置いていたのは兄たち家族だが、彼らは以前から宮村氏や松永牧師を頼りにして、今回の脱会活動を実行するにあたっても、事前に教えや指導を受けてアドバイスに従って実行した。このため松永牧師と宮村氏は控訴人の自由を直接制限しなかったと主張しているのだが、兄たち家族がすることを了解した上で、控訴人に対する一連の不法行為を鼓舞し手助けするものであったと評価することができる。

しかも、松永牧師と宮村氏は控訴人に対して脱会を勧めるなどして、結果的に兄たちの行為を容認して、長年にわたって兄たちの行為の精神的な支えともなっていたのだから、家族と共に控訴人に対する不法行為責任を負うのが相当である。

自由の制限は、実に一二年五カ月におよぶ。控訴人は、三一歳から四四歳という人生が充実すべき時期を失っている。被告の責任は大きいものがある。

結果は、一審を上回る勝訴だった。

閉廷すると、福本弁護士が笑顔で「よかったね」と一言。私は集まった支援者たちと固く握手を交わした。かたや被告席は、茫然自失の様子で無言のままだった。そして、午後三時から司法記者クラブで予定していた記者会見を、被告側はキャンセルしてしまったのである。

彼らは完敗を自覚したのだろう。

一審判決では、一つ目と二つ目のマンションでの監禁の違法性は認められなかったが、控訴審判決では三つのマンションの全期間、一二年五カ月間すべてが監禁状態であり違法であることが認められた。

また、一審判決では問われなかった松永牧師の責任と違法性も認められたほか、食事制裁による虐待も認められた。しかも、慰謝料は二二〇〇万円と大幅に増額された。

こちらの主張がほぼ認められた「全面勝訴」と言える勝訴判決だった。

刑事における検察審査会の議決通知書では、被疑者側（被告側）の主張がほぼそのまま認められたが、民事訴訟では完全に逆転したのだ。

その後、控訴審で敗訴した兄、兄嫁、妹、宮村氏、松永牧師は最高裁判所に上告した。

最高裁判所で判決が覆ることは極めて希だ。最高裁では、事実認定は基本的に審議対象とならず、憲法や最高裁の判例に違反するか、法令の解釈が間違っているかなど法的な問題を扱う。これまでの裁判で、法令上の誤りや手続を正しく行っていないということはまずあり得ないが、気が抜けない日々が続いた。

控訴審判決から一〇カ月後の、二〇一五年九月二九日。被告側の最高裁判所への上告が棄却された。これで控訴審判決が確定し、裁判が終結した。

民事訴訟を提起してから四年九カ月が過ぎていた。刑事告訴を含めると、拉致監禁事件をめぐる法廷闘争は七年越しの戦いとなった。

勝訴判決が確定した翌年、二〇一六年は日本統一教会にとって特別な年となった。拉致監禁事件が初めて発生した一九六六年以来、五〇年ぶりに「拉致監禁件数ゼロの年」となったのだ。

私は人生の二〇年間を、拉致監禁との戦いに費やした。これは拉致監禁を撲滅するための戦いでもあった。

監禁下での戦いでも、裁判での戦いでも、抜き差しならぬ困難に直面して、私は絶望と挫折に打ちひしがれた。何度奇跡的な出来事に助けられたか分からない。そのたび、人間の力を超えた、生ける神の愛と導きを感じたのだ。拉致監禁撲滅の戦いは「神が導かれた」戦いだった、と私は信じている。

終章——拉致監禁は終結していない

私の裁判における二〇一五年の最高裁判決以来、信者が拉致監禁される事件はほぼなくなった。しかし、完全になくなったわけではない。

二〇二一年一月、二〇代の青年信者が神奈川県の自宅に約一カ月間監禁され、二階にあるトイレのルーバー窓を取り外して脱出するという出来事があった。このほか、二〇二四年一月に都内で二〇代の青年信者が監禁下で脱会説得を受け、強制的に信仰を棄てさせられた被害が報告されている。また、忘れてならないのは、拉致監禁によってＰＴＳＤを発症し、未だに苦しんでいる被害者の存在だ。

政府から申し立てられた統一教会への解散命令請求のゆくえは裁判所に委ねられたが、解散となれば以前のように拉致監禁の猛威が全国へ広がるのではないかと憂慮する信者も多い。

こうした関係者だけが知る異変ばかりか、理不尽な出来事が大っぴらにまかり通っている。二〇二二年に発生した安倍晋三元首相銃撃事件以降、メディア各社が始めた統一教会批判報道に多くの「被害者」や「専門家」が登場し、統一教会に〝反社会的団体〟の烙印を押したのを知らぬ者はいないはずだ。

私の裁判で敗訴し、不法行為が認められた兄嫁もＴＢＳの『報道特集』（二〇二二年八月放映）に元信者の一人として出演し、監禁部屋で私を強制的に棄教させようとしたときと変わらぬ態度で統一教会を一方的に批判したのである。

同じく敗訴して不法行為が認められた宮村峻氏は、同年八月に開催された立憲民主党の会合に「脱会支援者からヒアリング」するという名目で招請され、国会議員らに反統一教会の立場からレクチャーを行った。同会の席上で、宮村氏の盟友とも言える有田芳生氏は「多くの信者の脱会に多大な力を尽くしている」と彼の働きを褒め称えている。

私を一二年五カ月にわたって監禁し、脱会を強要した不法行為によって二二〇〇万円もの賠償を命じられた加害者と、加害者を教唆し幇助《ほうじょ》したとして同じく不法行為が認められた人物が、何事もなかったようにテレビに出演し、国会議員にレクチャーをしたことは、異常としか言いようがない出来事だった。それればかりか、政府が解散命令請求の根拠にしている過去の民事案件の被害者の中に、拉致監禁と強制棄教によって脱会した元信者が数多く含まれているのも分かっている。その一方で、私の事件を含め統一教会信者が被ってきた拉致監禁被害については一切報道されなかった。

拉致監禁問題は、まだ終結していないのだ。

何が真実なのか、本当に統一教会は解散するべきなのか。願わくば、読者自身が自ら目と耳で「真実」を見極めていただきたい。

では、脱会説得を行う脱会屋について本文に書ききれなかった説明を補い、拉致監禁と強制棄教の内情を明らかにしようと思う。

本書では人権侵害の極限状態と、裁判での戦いを振り返ったが、私だけでなく幾多の人々の人生を脱会屋たちが破壊していたとは信じられない読者も多いはずだ。拉致監禁と強制棄教については、小出浩久氏の『〝人さらい〟からの脱出』（光言社）、鳥海豊氏の『監禁二五〇日　証言「脱会屋」の全て』（光言社）でも詳細に体験と分析が語られている。

まず新潟で説得に現れた新津福音キリスト教会牧師の松永堡智氏だが、『〝人さらい〟からの脱出』によれば、同教会は六〇〇坪、地上三階建てと紹介されている。この教会を建設するにあたり一億円は三和銀行（当時）から借り入れ、残りは信者の献金で賄おうとした。だが献金は一カ月に四〇万円を集めるのがやっとの状態で、銀行への返済額にさえ追いつかない。そこで松永牧師は元信者やその家族にたびたび文書で献金や借り入れの依頼を行い、小出氏の父も常に指示を仰いできた宮村峻氏から「お布施だよ、お布施。そのつもりで出せばいいでしょう?」と言われ、献金として一〇〇万円、貸付金として三〇〇万円を提供している。

小出氏は「新会堂建設の資金調達、この現実的要求からも、松永牧師は、〝キリストのあがないによる罪からの救い〟ではなく、〝反統一教会運動〟に熱心にならざるを得なかったと思う」と書いている。

続いて宮村峻氏だが、彼により森山諭牧師の荻窪栄光教会で行われていた脱会活動が過激化したと言える。

宮村氏はクリスチャンではなかったが、彼の妻が荻窪栄光教会に通う信者だった。宮村氏の恩師にあたる人物の娘が統一教会信者になり、相談されたのがきっかけで森山牧師との接点が生まれたと、『監禁二五〇日　証言「脱会屋」の全て』に説明されている。

宮村氏は子供を棄教させせようとする親を、彼が統括する会員制グループ「水茎会」に参加させる。そこでは面接が行われ、①親が必死か、②拉致監禁について宮村氏や会の指示に従うか、③会の集会に必ず参加しているか、④本人以外の兄弟、姉妹も会に参加するようになったか、⑤両親は仕事を含め家や財産を失っても子供を取り戻したいと覚悟しているか、⑥親類も協力態勢をとれるか、⑦本人が帰省するなど会うことができるかが厳しくチェックされる。いよいよ準備が整うと、水茎会が契約している監禁に使うマンションかアパートが割り当てられ、割り当てが難しいときはホテルの一室が使われたのだった。

監禁部屋の家賃は、部屋の借主ではなく、部屋を監禁に使う家族が支払い、この家族が退去すると次に使用する家族が支払う仕組みになっていた。部屋の家財道具は、前の使用者が置いていった物もあり、こうしたところは互助会的な意識で部屋が使いまわされていたと言える。また脱出によって説得が失敗すると、その部屋はしばらく使用されず、水茎会の会費から家賃が支払われていた。鳥海豊氏も著書の中で触れているように、通常では考えられない部屋の転貸だけでなく、監禁に使用されていることからも、契約がどのようになっていたのか不透明極まりない状態だったのだ。

宮村氏が経営する広告代理店は、一九九〇年代前半ともなると社員全員が元統一教会の信者という独特なものに変貌し、この中の一人が私の兄だった。宮村氏は学生運動を行う左翼的な思想の持ち主だったとされ、一筋縄ではいかない人物なのは間違いない。

松永牧師と宮村氏もそうだが、全国各地で統一教会信者の「救出」を請け負ってきた人たち、その多くがキリスト教牧師だが、彼らのほとんどは未だに自分たちがやってきた強制棄教を「良いこと」と思っているのではないか。欧米では強制的に棄教させる行為いわゆるディプログラミングだけでなく、拉致監禁は当然違法とされ、決して許されない犯罪であることが社会に認知されている。拉致監禁による棄教強要は犯罪行為――この分かりきった事実が日本社会に理解される日まで、戦いはまだまだ続く。

最後に、拉致監禁被害者の故・宿谷麻子さんを紹介して本書を締めくくることにする。

裁判中は信者仲間はもちろん、拉致監禁によって脱会した元信者の皆さんの支えが大きな力となった。なかでも、私の痩せ衰えた裸の写真を撮影したルポライター米本和広氏の著書『我らの不快な隣人』に重要な位置付けで登場する、拉致監禁が原因で長年ＰＴＳＤに苦しみ続けた宿谷麻子さんには大変お世話になった。宿谷さんは「拉致監禁の撲滅のためなら」と、統一教会には批判的ながら私の裁判の世話人になってくださった。宿谷さんはご自身のＰＴＳＤの苦しみを綴ったＨＰ『夜桜餡』を立ち上げ、拉致監禁がどれほどまでに人の心を傷つけ、心身に深刻なダメージと後遺症をもたらしてしまうのかを人々に知らせる活動に尽力された。宿谷さんは、拉致監禁の後遺症で苦しむ被害者の声に真摯に耳を傾けてくださり、心身の回復の手助けに努めてくださった。宿谷さんにとっては被害者が信者であるかどうか、どうでもよかったのだ。ＰＴＳＤが回復に向かい、社会復帰を遂げられたのも束の間、宿谷さんは二〇一二年一〇月一五日にクモ膜下出血のため四八歳の若さで逝去された。統一教会を脱会されながらも拉致監禁被害者の苦しみに寄り添い続けた宿谷さんには本当に感謝しかない。

死闘　監禁4536日からの生還

2025年2月10日　初版発行
2025年3月21日　3版発行

著　者　後藤 徹
発行人　山本 洋之
発行所　株式会社 創藝社
〒160-0023 東京都新宿区西新宿7-3-10　21山京ビル504号室
電話(050)3697-3347　FAX(03)4243-3760
印　刷　中央精版印刷 株式会社
デザイン　株式会社ユニバーサル企画

　ISBN978-4-88144-275-3　C0036